让营销变简单

北美广告教父的
15堂营销战略课

[加] 特里·奥莱利（Terry O'Reilly） 著　　刘勇军　译

湖南文艺出版社
HUNAN LITERATURE AND ART PUBLISHING HOUSE

博集天卷
CS·BOOKY

著作权合同登记号：图字18-2021-023

图书在版编目（CIP）数据

让营销变简单 / (加) 特里·奥莱利
（Terry O'Reilly）著；刘勇军译. -- 长沙：湖南文艺出版社，2021.3
书名原文：This I Know: Marketing Lessons from Under the Influence
ISBN 978-7-5726-0069-2

Ⅰ.①让… Ⅱ.①特…②刘… Ⅲ.①市场营销学 —通俗读物 Ⅳ.①F713.50-49

中国版本图书馆CIP数据核字（2021）第028916号

上架建议：市场营销

RANG YINGXIAO BIAN JIANDAN

让营销变简单

作　　者：［加］特里·奥莱利（Terry O'Reilly）
译　　者：刘勇军
出 版 人：曾赛丰
责任编辑：匡杨乐
监　　制：邢越超
策划编辑：李齐章
特约编辑：万江寒
版权支持：刘子一　文赛峰
营销支持：文刀刀　周　茜
版式设计：潘雪琴
封面设计：主语设计
出　　版：湖南文艺出版社
　　　　　（长沙市雨花区东二环一段508号　邮编：410014）
网　　址：www.hnwy.net
印　　刷：三河市百盛印装有限公司
经　　销：新华书店
开　　本：880mm×1270mm　1/32
字　　数：209千字
印　　张：9
版　　次：2021年3月第1版
印　　次：2021年3月第1次印刷
书　　号：ISBN 978-7-5726-0069-2
定　　价：48.00元

若有质量问题，请致电质量监督电话：010-59096394
团购电话：010-59320018

目 录
Contents

自序
Preface

五年来，我大部分工作时间都被用来帮助企业家发展他们的生意。

一些企业处在起步阶段，另一些经营了几十年。

一些企业提供的是产品，另一些提供的是服务。

一些企业使用复杂的算法为其他企业提供数字解决方案，另一些发明了新的浴室垫子或铲子等辅助工具。

一些企业是由个人在家中经营，另一些雇了几十人，拥有自己的生产设施。

但其有一个共同点：都需要客户才能生存。他们必须说服人或其他公司放弃辛苦赚来的钱，去换取他们的产品。

这并不容易做到。

他们与其他企业竞争、与惯性竞争，他们与社会的"注意力缺乏症"竞争。见鬼，不管他们有没有意识到，他们都在与网飞（Netflix）公司竞争。

他们需要吸引潜在客户的注意，并使潜在客户相信他们公司的解决方案是正确的、恰当的。

他们需要在低成本和高效率的基础上完成这两项非常困难的

任务。

他们需要读这本书。

特里·奥莱利是个营销天才。我称他为营销达人，他说服人的本领是一流的。几个月前，我求他（没错，就是"求"）复出，为我所在的公司策划一场广告营销宣传活动。他谢绝了，因为他忙着写这本书。当时我很失望，但读完手稿后，我很高兴他决定专注地完成此书。

你肯定也将这么认为。

戴夫·奇尔顿

又名，富有的理发师

前 言
── Introduction ──

　　1978 年，性手枪乐队（Sex Pistols）来到美国，此前，他们早已在英国引起了轰动，但他们的经理人马尔科姆·麦克拉伦十分精明，很清楚进入美国市场是另一回事。在美国市场走红并不是那么容易的事，毕竟美国人见多识广。于是，麦克拉伦想出了一个策略。

　　他让性手枪乐队只在南部各州的小城镇里演出。他知道，以原教旨主义基督徒为主的居民看到约翰尼·罗顿等乐队成员的古怪表演，一定会感到震惊。他希望城市里的媒体大量报道乐队的丑闻，性手枪乐队越臭名昭著，纽约和洛杉矶的人就会越感兴趣。

　　这是个绝妙的计划。大多数乐队一开始就把目光投向了纽约和洛杉矶，但在这两个竞争激烈的市场上无法获得人气。麦克拉伦知道以退为进这招非常管用，于是将塔尔萨和巴吞鲁日这些保守的城镇搞得乌烟瘴气，如此一来，他就能把这种愤怒当作敲门砖，进入洛杉矶和"大苹果城"纽约了。

　　当性手枪乐队在美国各地触怒观众时，我还是一个刚刚进入广告业的年轻人。起初，我给加拿大各地的六十家广告公司发了六十份简历，希望能得到一份撰写广告的文案工作。但我收到了六十一封拒绝信。是的，有一家公司拒绝了我两次。因此，我把眼光放低了一点，给安大略省伯灵顿市一家名为 FM108 的小型广播电台投了一份比较有创意的简历。销售经理皮特·瓦茨（他叫这个名字，注定会入这一行）很喜欢我的简历，便雇了我。我其实并不情愿去那里工作，我的梦想是进入一家大型广告公司，而且广播不是我的兴趣所在，但他们提供给我的是一份撰写文案的工作。

皮特每天都能带来几份广告合同，这家电台有一百多个零散客户，而我是唯一的广告文案撰稿人。白天要工作十二个小时，但我有很大的自由，可以尝试一些有创意的想法：我只对电台的客户负责。我编写的那些商业广告，有的成功了，大多则连水花都没有，这就如同地狱之火的洗礼。你猜怎么着，我爱上了广播。

我的下一站是同一个城镇里的一家小广告公司。客户比上一家公司多了很多，除了广播广告，我还开始写平面广告、做广告牌，偶尔还会写电视广告文案。结果，那家公司的老板并不喜欢我的工作成果，也很少批准任何有创造性的创意。我想他还在停车场冲着我的车发过嘘声。在连续两年创意遭到否定之后，我终于忍无可忍了。最后一根稻草是我要为一种新型混凝土屋瓦写广告文案，这个产品的主要优点是瓦片可以使用五十年，我想出了一个标题"不要再在屋顶上拉小提琴了"。

我很喜欢。他却不。

于是，我辞职了。

我仍然坚持自己的梦想，想去多伦多的全国性大型广告公司写文案，这些公司才是加拿大广告业中的翘楚。我在家里的餐桌边制作了一组广告，为的是让创意总监们明白，如果有机会，我一定可以想出很棒的创意。

准备好后，我给多伦多很多有名的创意总监打了电话。其中，有四个同意见我。

我最先见到的是坎贝尔·埃瓦尔德广告公司的创意总监。他们有很多大客户，比如，通用汽车金融服务公司、加拿大费伯格拉斯公司、美国东方航空公司、吉尔贝酒厂、杜邦、宝来电脑公司和奈斯比特·汤姆森投资公司。

这位创意总监名叫特雷弗·古戈尔，南非人，派头十足。我去面试的那天早上，他穿着一件拖地裘皮大衣，突然冲进了办公室。他飞快地翻看了我写的广告，纸页翻动带起的风甚至把我的头发都吹到了后面，然后，他提出可以聘用我两周。我谢过他，问道："如果你欣赏我的工作，你会继续聘用我吗？"

他说："再说吧。"

尽管如此，周一就要开始上班了，我还是很兴奋。然后，我做了一件疯狂的事：我取消了另外三个面试。没有 B 计划，那 A 计划就必须奏效。我妻子觉得我是个疯子。

那个周一，特雷弗给了我第一个任务：为管道绝缘材料撰写平面广告。这项工作很吸引人，但对我而言并没有多大的不同。我加入了一流的广告公司，或者至少是坐在了这样一家广告公司的办公桌前，但让我大开眼界的是我的第二个任务。特雷弗让我为费伯格拉斯公司的屋顶产品设计一个平面广告。这种瓦片可以用四十年。于是，我写了一个广告文案，标题是"不要再在屋顶上拉小提琴了"。

大约十分钟后，我把广告文案送到特雷弗的办公室，他抬头看着我，扬起眉毛说："已经有想法了？"我耸耸肩说是的，便把广告文案放在他的桌子上。他看了一眼标题，喊道："我喜欢！"

几天后，他聘请我为全职员工。

特雷弗热爱创意。是他教会我一个道理：天地尽在我的掌握之中，而且这个天地很大。我和特雷弗一起工作的大约三周后，我把给美国东方航空公司的广播广告文案交给他，他问我想要什么样的演员。这个创意与音乐有关，所以我提到我最近在强尼·卡森的节目上看到了一个名叫皮特·巴蒂的喜剧演员，他能一边弹钢琴一边讲笑话。我说，如果能找到一个像他这样的，那就太好了。

"就是他了！"特雷弗说着走开了。一周后，我和我在《今夜秀》上看到的那个喜剧演员一起出现在了广告拍摄现场。

欢迎加入一流的广告公司。

特雷弗给我找了一位很有才华的艺术指导，他叫史蒂夫·蔡斯，仅在第一年，我们就获得了六十多个国家级和国际级奖项。我和特雷弗一起共事，还有另一种体验：对于我们为之做广告的每件产品，他强烈渴望探索和解释产品背后的动机、心理和营销战略。

特雷弗和客户服务部门制定了大型新项目的重要战略后，他就把创意人员召集到会议室。在那里，他展开长长的牛皮纸，从房间的一头铺到另一头，将纸钉在墙上。然后，他就拿着一把彩笔，开始讲解。

他从产品开始，解释它们的历史、特点、鲜为人知的品质，以及它们在哪些方面适合哪些人的生活需要。他会从本质上挖掘产品对客户的好处，然后进一步提炼，直到清晰地总结出这个产品的独特之处，以及它值得被拥有的原因。他把这一切都写在牛皮纸上，慢慢地在房间里走来走去，圈出一些词，画箭头把一些创意连接起来。然后，他会谈起这种产品都有哪些潜在客户。比方说，如果是二十五岁到三十四岁的女性，特雷弗就会谈起她们的生活，她们一天都干什么，谈起她们的家庭、责任、工作、购买习惯、喜欢看的电视节目，她们所做的选择背后的心理，她们的同辈压力以及我们的产品如何融入她们的生活。然后，他沿着墙壁移动，开始勾画市场状况，圈出一份竞争者名单，用箭头指向竞争对手正在做的广告，将其与我们产品的最大商机联系起来。

完成上述过程，就进入了最精彩的部分。特雷弗把所有想法都集中到我们的创作机会上。他会提出一些让我们能够智胜竞争对手的巧妙方法，他为我们提供了奇思妙想，指导我们进行创造性思考。特雷弗想要的是能获奖的创意，但他希望这些创意是基于我们对市场是什么、如何最好地接触这些市场的深刻理解。

在这些战略会议结束时，会议室的墙上满是用不同颜色的记号笔写着的字、圆圈、箭头和感叹号，这一切都汇聚成了对当前任务的深刻洞察。

我很喜欢那些会议，我们离开会议室时充满了激情，获得了清晰的营销使命感。

我还记得，我在伯灵顿的两家雇主并不会给客户提供这么清晰的广告创意。广播电台没有给客户提供任何广告方面的建议，而我曾经工作过的那家小公司也只提供稍微好一点的营销建议。这意味着那些零售商和商家把辛苦赚来的钱花在了广告上，得到的广告却既不是基于基本的销售原则，也没有经过经验丰富的营销洞见的打磨。

我后来在另外两家极富创意的广告公司工作过，它们分别是道尔·戴恩·伯恩巴赫广告公司和奇亚特/戴广告公司。这两家公司的营销头脑都很好，尽管比不上特雷弗的深度和详尽的探索。因此，1989年，我决定自己当老板，在我创建的公司里重新找回这样的活力。

我不再在广告公司里打工，而是创办了奥莱利广播公司，为广告公司指导和制作广播广告。一年后，我与另一位导演合作，共同创办了海盗电台。这是一家音频制作公司，不同之处在于我们有一个创意部门。我们在多伦多的所有竞争对手用的文案都是广告公司写的，而不是自己构思出来的。他们是工匠，不是艺术家。但是，海盗电台有我这样一个曾在广告公司做过创意工作的执行官，因此，我们是与众不同的。我们可以制作有趣的广播广告，既有广告公司的水准，还能保护销售战略。更重要的是，我们还可以为那些请不起高价广告公司的客户制作广告，并为他们提供结合大胆创意的战略广告。

在海盗电台工作的许多年里，我在多伦多举办了一个年度创意广播广告研讨会。出席的有两百多名年轻的广告撰稿人，他们来自全国各地的广告公司。在六小时的时间里，我站在台上教他们如何制作让人印象深刻的广播广告。主题包括广告文案编写和文案结构、幽默、戏剧的错综复杂之处、音效、选角、音乐、如何推介广播广告文案、演播室礼仪，以及创作三十二秒长和六十秒长的商业广告的意义（三十秒广告难得多）。

有一天，与电台的几个同事共进午餐时，查姆广播电台的创意总监拉里·麦金尼斯建议我把研讨会做成一个很棒的广播节目。我问："哪个电视台会播出这个节目？"他想了一下，说："加拿大广播公司。"我回答道:"加拿大广播公司连广告都不播,你说他们会播出一个关于广告的节目?"

他说:"他们会的。"

我们笑了起来,又喝了几杯啤酒,愉快地吃完了午饭。但是,我那天回家的时候,这个想法一直萦绕在我的脑海里。自由电台撰稿人迈克·坦南特也和我们一起用了午餐,他在那周晚些时候给我打电话,说他认为拉里的想法值得一试。于是,我们写了一个简单的推介方案。

迈克在加拿大广播公司有一些人脉,借此安排了一次会面。在他们的会议室里,我们解释说广告就像建筑,在人们的生活中无处不在。大多数人讨厌广告,觉得广告很烦人,但实际上,广告是一项令人着迷的业务。之所以说广告迷人,是因为广告是对人性的研究。广告提供了一个细致的角度,让我们看到是什么使我们采取行动。我们告诉加拿大广播公司,我们不是记者,不是学者,也不是专家。我们是在战壕里做广告的广告人,对这一行非常熟悉。我们想给加拿大人一个特许通行证,助他们进入封闭的广告世界。

让我们惊讶的是,加拿大广播公司买下了《奥莱利谈广告》,作为十集的夏季替换节目。听众的反应非常热烈,加拿大广播公司要求我们推出整季节目。当他们邀请我们再制作第二季时,我们对这个节目进行了重新编排,并更名为《营销的时代》,当时是2006年。许多年之后,这个节目转型成了《影响之下》,我扩展了节目的焦点,不仅研究广告,还关注了不断拓展的各种形式的市场营销。

在过去的十年里,这个节目收集了很多营销智慧。从世界上最大品牌的营销战略到小企业的巧妙销售战略,这个节目就像是一个图书馆，收录了有关销售实践的很多伟大时刻、流行趋势和创意。

我在海盗电台工作了几十年，那段时间非常美妙，后来，我卖掉了我在这家我合伙创办的公司的股份，但仍保持着我的营销习惯。除了做广播节目，我还为企业和协会提供咨询，每年在营销会议上做几十次演讲。我的演讲集中在广告的基本原理（这可是真正的广告项目的构成要素）和营销（更为重要的整体商业战略）上，因为根据我的经验，大多数广告在这两个方面都有很大的不足。

这就是打好基础。

我结束演讲后，通常会安排一段问答时间。很明显，许多企业主和他们的员工在市场营销方面都感到非常迷茫。他们的预算有限，在广告方面也找不到有用的指导。他们通常身兼数职，没有专门的营销部门，不知道如何制定真正的营销战略，觉得自己的广告投入没有得到回报。

这本书，就是给这样的人看的。

有些企业家请不起市中心大型广告公司提供专业的服务，那这本书就是为你们准备的。我将自己多年来在广播节目里讲过的见解和营销经验都写在了本书之中。书中也有我从事广告业时积累的经验。这本书将给你带来挑战，向你提出有趣的问题，并帮助你制定自己的营销策略。

当你在广告这个高风险游戏中已经待了超过三十五年，并且制作了超过一万条广告，你就有很多的经验教训。说到重大的失误、精明的观察和意想不到的指导，我了解很多案例。当你合作过那么多客户，搞定过那么多简报文件，和那么多有创造力的人争辩过，与那么多演员一起欢笑，与那么多名人打过交道，在那么多演播室里录制过广告，在那么多的战斗中赢过也输过，你总能学会一些东西。

我只知道：如果没有出色的营销，你永远不会听说性手枪乐队。

第一章

米其林卖的不是轮胎，是安全

你到底在做什么生意？

§

§

你到底在做什么生意？不要太快回答那个问题。大多数人的回答都是错误的。然而，这是你可以问自己的最重要的营销问题。除非你能正确地回答这个问题，否则你的营销将一直缺乏重点。对于做生意，有这样一个老生常谈，那就是，你卖的和人们买的几乎总是两种不同的东西。企业希望将产品卖出去，客户希望买到解决方案。虽然看似相关，但这二者的定义却大相径庭。

例如，莫尔森公司做的并不是啤酒生意。尽管莫尔森的工厂是为了生产啤酒才设计建造出来的，你看到的每一辆莫尔森的运货卡车上都堆满了啤酒箱，但莫尔森并不是做啤酒生意的，他们其实是在经营派对生意。

莫尔森的几乎每一条啤酒广告都能说明这一点。广告里呈现的内容都与快乐相关：很多人聚在一起，调侃、大笑和社交。这就是大多数莫尔森啤酒爱好者在花钱买啤酒时真正想买的。莫尔森在营销方面十分精明，很清楚自己提供的解决方案是社交润滑剂。啤酒广告承担起了微妙的沟通任务。酒类营销在美国受到严格监管，广告中的派对场景都被严格控制。一个场景中的啤酒数量不可以超过该场景中的人数。一个镜头里有五个人，那最多只能出现五瓶啤酒。

没有人可以拿着啤酒参加需要技能的活动，比如，滑水或电锯雕刻。不可以出现未成年人。广告中出现的人不能"过于活跃"。我曾经有一个啤酒广告被监管机构否决了，因为其中一个演员在干杯的时候把酒瓶举过了肩膀。否决的理由：动作太活跃了。还有，在广告中不能暗示啤酒能促进性行为。（我知道，我知道。这是最有弹性的规则了。）但随便你怎么说，莫尔森都很明白他们做的是什么生意。

米其林不做轮胎生意。他们其实是身在安全行业，他们的目标是为汽车提供最大限度的轮胎安全。米其林曾经拥有有史以来最好的轮胎品牌宣传语。在该公司的电视广告中，一名婴儿被人用安全带绑在一个轮胎上，上面写着"只因你的轮胎承载了太多"。这就是米其林的生意。没提到硫化橡胶，只有安全。如果米其林只卖轮胎，那就有麻烦了，但如果它卖的是安全，那它就值千金万金。（我一直不明白，为什么米其林不再使用这句广告语。）

哈根达斯不是做冰激凌的，他们提供的是感官享受。白水漂流公司做的不是个人运输业务，他们从事个人改造业务。星巴克不是做咖啡买卖的，而是从事咖啡剧院生意，他们有咖啡师、精制的咖啡机，还有特别的巧克力摩卡咖啡名字。

苹果公司并不从事电脑业务，他们涉足的是个人赋权领域。如果你想了解苹果公司为什么可以获得巨大成功，只要回去1984年看看就行了。那是在第十八届超级碗大赛（职业橄榄球大联盟冠军总决赛）上，一则叫《1984》的电视广告横空出世。

在广告行业中，这可以说是历史上最著名的电视广告（可以上谷歌查一下）了。这则广告让苹果公司在客户心中占据了一个永不磨灭的位置。那则广告呈现了乔治·奥威尔描述的1984年的惨淡未来，人们穿着单调一致的衣服，听着老大哥在巨大的屏幕上发表令人昏昏欲睡的演说。但与此同时，我们看到了许多戏剧化的镜头：一名女运动员被一群未来的警察穷追不舍，她穿着一件白色背心和一条红色短裤，手里拿着一把巨大的锤子。她沿着一条长长的隧道跑到了集会现场，停下脚步，挥动锤子，尖叫着将巨大的屏幕砸得粉碎，让紧张的人群大吃一惊。此时，苹果公司发出了这样一条信息："1月24日，苹果电脑将推出麦金塔电脑。届时，你就会明白为什么真正的1984年和小说里的1984年不一样了。"换句话说就是，我们要把IBM[①]多年来秘藏的计算能力都送给你们。

苹果公司推出了一代代产品，史蒂夫·乔布斯发表了很多惊世之言，一直以来，这一条信息，或者说关于这一条信息的略有变化的现代形式，一直都在流传，因此才有那么多人购买苹果公司的产品。更确切地说，你可以在IBM总部，站在IBM巨大的标志下，竖着中指，从谷歌网上查找到史蒂夫·乔布斯的照片。人们喜欢这种叛逆的姿态。当苹果公司发布一款新产品时，人们连夜排队也要成为最早将其买到手的人。没有人会为戴尔的产品这样做。人们被苹果承诺的个人赋权深深吸引，再加上一点"我们对抗他们"的调味料，这就是苹果的卖点。市场上有更强大的电脑，当然也有更便宜的电脑，但苹果已经成为世界上最有价值的企业之一。苹果之所以能实现这一成就，完全是因为他们非常理解自己经营的是什么业务。

耐克做的不是鞋子生意，他们提供的是动机业务。"JUST DO

---

① IBM 即美国国际商业机器公司。——译者注

IT"这句经典广告语被称为我们这个时代最后一个伟大的口号。虽然这句广告语可能激励了数百万人站出来享受生活，但它实际上是受到了某人死亡的启发。丹·维登是位于俄勒冈州波特兰市的维登＋肯尼迪广告公司的联合创始人，这句广告语就是他的创意。他一直记得他在1977年看过一篇关于连环杀手加里·吉尔摩被执行死刑的新闻报道。吉尔摩在波特兰长大，在犹他州被行刑队处决。他交代了自己的最后遗言："Let's do it."。维登对这句话深感震撼。他认为吉尔摩能够面对如此多的不确定性，并坚持下去，这是很了不起的。维登一直记得这件事，当他需要想出一句广告语，把八个不同的电视广告联系在一起，从而为他的广告公司首次向耐克公司做推介时，他想起了吉尔摩的这句话。他做了一点改变，"JUST DO IT"就诞生了。剩下的就是营销历史了。

这句广告语的影响力不容低估。乍一看，它是指只要你有身体，你就可以像运动员一样。但快速思考一下，你就能发现更深刻的东西。这句话是生活中许多重要问题的答案。我应该把我的想法告诉老板吗？我应该辞掉这份糟糕的工作吗？我应该自己创业吗？我应该求婚吗？

大多数穿耐克运动鞋的人都不锻炼。这应该能说明一切。"JUST DO IT"这句话点燃了数百万个梦想，其中只有一小部分是与运动相关的。耐克知道人们买的是什么。不是鞋，而是动机。

想象一下所有你能想到的莫尔森、苹果和耐克的广告。几乎所有的莫尔森的广告展示的都是人们的快乐和聚会。在《1984》电视广告之后，几乎所有的苹果商业广告都展示了个人在电脑上能取得的成就。每一个你曾经看过的耐克广告都展示了职业运动员和业余爱好者追逐梦想的情景。好的莫尔森的广告不会告诉你啤酒是如何制成的，苹果不会分析千兆比特是什么，耐克很少讨论运动鞋。

你必须知道你在做什么生意。

我曾经采访过《花花公子》的创刊人休·赫夫纳。我问他一个问题：如果你不再穿睡衣上班，不再和双胞胎约会，你的生意会受影响吗？他没有犹豫，回答"会"。不得不承认赫夫纳真了不得，他知道自己在做什么生意。为了满足人们对花花公子生活的好奇心，他不得不出售自己的生活方式。男人买的不是杂志，他们买的是过花花公子生活的幻想。

如果你的公司足够大，你可以聘请广告公司，那么，聪明的广告公司会帮助你找出你真正在做什么。但是如果你负担不起请广告公司的钱，你就得自己做功课。信不信由你，回答这个问题并不像看上去那么容易。它需要清醒与客观，这是广告公司能为客户提供的最重要的东西之一。

广告公司需要努力做到客观，为了吸引客户，就必须像客户一样思考，不可以站在企业的角度思考。大多数企业都喜欢他们自己的产品。你对企业怀有激情是件好事，但是，如果你是因为了解产品是如何被创造的才产生了这种激情，而你又在营销那个产品，那就不妙了。你会迷失在杂草丛中。你有没有遇到过这样的情况：你问网络安装人员一个问题，不得不忍受对方滔滔不绝地讲解路由器和每秒兆比特下载速率，但其实你真正想知道的是能不能下载高清电影？

这就是我的意思。

聪明的营销人员知道什么时候他们的鼻子离玻璃太近，呼吸在玻璃上形成的雾气模糊了视野。你必须培养一种能力，让自己能够离开办公室，透过窗户往办公室里面看。不掺杂半点感情的客观是关键。客户被一个品牌所吸引，无论该品牌出售的是产品还是服务，都有很多原因，但最重要的原因是该品牌给人的感觉。价格、地点、颜色等的吸引力，都远低于这一单一标准。

还记得 20 世纪 80 年代的可乐大战吗？还记得百事可乐挑战赛的广告吗？我们都坐在家里，看着真实的人接受挑战，品尝两种隐藏品牌名字的可乐，然后选择一种，在揭晓结果的时候，发现选出来的是百事可乐。可口可乐的管理层也坐在家里，每天晚上看同样的广告，这让他们抓狂。重要的是，要知道可口可乐拥有比百事可乐更大的市场份额。可口可乐甚至无法从后视镜中看到百事可乐，但是每天晚上播放的那些广告还是让可口可乐的高管们抓狂。那他们都是怎么应对的呢？可口可乐改变了配方。如果你还记得，当时市场对这一做法的反应是如此消极、如此迅速、如此势不可当，以至于可口可乐仅在七十七天后就重新使用原来的配方。你能想象可口可乐为此付出了多少代价吗？可以说是损失惨重。可口可乐不仅换了包装，花费数百万美元与比尔·科斯比合作推广"新可口可乐"，甚至还改变了整个生产流程。

但我认为可口可乐应该对此感到高兴。这证明了人们有多喜欢这个品牌。若非如此，他们所做的改变就会像夜间行船一样被忽略。正如一位记者所指出的，这是历史上最昂贵的焦点小组。跟着我算一下：在隐藏品牌的口味测试中，百事可乐略胜可口可乐。但在被调查人可以看到两个品牌名字的味觉测试中，是可口可乐完胜百事可乐。很有趣，不是吗？在那种情况下，一切都没有根本上的改变。

但在另一个口味测试中，可口可乐和一种隐藏名字的可乐进行对比，换句话说，人们可以看到可口可乐的品牌，但看不到另一个品牌是什么，可口可乐以 99 比 1 击败了另一个品牌。你猜那个品牌是什么？

也是可口可乐。

可口可乐打败了可口可乐。

我们来分析一下发生了什么。当人们看到品牌信息，比如熟悉的可口可乐瓶和标志，他们会自动做出假设：可口可乐比其他任何一种可乐都要好得多。这就是品牌的强大之处，它可以让你觉得他们的产品比实际上更好喝。那么，可口可乐是如何做到这一点的呢？是因为长达一个世纪的聪明的营销。可口可乐很明白自己在做什么生意。

看看可口可乐在所有广告中推销的一样东西：幸福。可口可乐只不过是瓶装的甜水而已。然而，可口可乐是世界上最有价值的品牌之一。他们把幸福与他们的产品联系在了一起。想想 1971 年的著名广告《我想给全世界买一瓶可口可乐》。

幸福。

那则广告的灵感来自一个有趣的时刻。当广告人比尔·贝克飞往英国伦敦去录制可口可乐的新广告歌时，由于希思罗机场被大雾笼罩，他的飞机不得不降落在爱尔兰。泛美航空公司不愿意派巴士把乘客送到离机场四十分钟车程的大城市里的大旅馆，他们希望所有人都在附近，等大雾散去马上登机。于是，航空公司把他们送到了当地的一家小汽车旅馆。但是，这家小旅馆没有足够的空房来容纳两百名乘客，于是，乘客只能两人住一个房间。不得不与一个陌生人共用房间，这使乘客的心情更加糟糕。有些人拒绝了，蜷缩在大厅的角落里睡觉，另一些人按国籍或性别分组。

第二天，航空公司不允许乘客离开机场，他们只能在免税商店购物、吃饭、吃零食，自怨自艾。正如贝克所说，他们处于永久待命状态。上午十点左右，他们买完了所有能在免税店买的东西。机场时钟上的秒针似乎每分钟才移动一次。乘客们开始三五成群聚在咖啡馆里。随着人们聊了起来，气氛开始慢慢地好转。最常见的破冰工具则是一瓶可口可乐。这种情景在餐馆里也重演了，说着不同语言、来自不同国家的人，由于环境的原因聚在一起，喝着可口可乐，享受着彼此的陪伴。当贝克看到这一幕的时候，他意识到可口可乐不仅仅是一种液体饮料，还是人们都很喜欢的一个东西。他在一张餐巾纸上这样写道"我想给全世界买一瓶可口可乐，和它为伴"，然后把纸塞进了口袋。

贝克最终到达伦敦录制现场，从口袋里掏出了那张餐巾纸。他草草写下的那句话不仅成了广告歌的核心，而且成了有史以来最著名的电视广告之一。原曲是由山坡歌手组合演唱的，这是一个由歌曲制作人艾尔·哈姆组建的临时组合。当这首歌成为轰动一时的歌曲时，哈姆以单曲的形式发行了这首歌（他给这首歌做了一点小小的调整，歌词从"我想给全世界买一瓶可口可乐"变成了"我想教全世界唱歌"）。最初他们想找新搜索者乐队来唱这首广告歌，但他们第一次听到这首歌时很不以为意，认为它太甜太简单了（"……苹果树、蜜蜂和雪白的斑鸠"）。但是，当山坡歌手组合凭借此歌大获成功之后，新搜索者乐队决定发行自己的版本。这首歌的旋律很有吸引力，歌曲包含了和平与和谐的深刻信息，恰巧当时美国在越南的沼泽中艰难跋涉。永远不要低估适当的信息出现在适当的时间所产生的力量。这张唱片卖出了一千二百万张。

难道你没有想过，在这个时代，竞争对手完全可以对可口可乐进行分析，并找出它的秘密配方，然后生产一种尝起来就像可口可乐一样的产品？答案是当然可以。这样的事出现了很多次，但是这些公司都没有成功。这是为什么呢？因为人们买的不是甜水，他们买的是可口可乐强大的品牌及其一贯承诺的幸福。让我们由此来了解一下这个合乎逻辑的结论，为什么在拥有成百上千个竞争对手的同时，可口可乐依然能够跨越国界，在全世界许多不同文化的地方取得成功？答案是，因为快乐是一种普遍的情感需求，可口可乐公司很擅长将自己的产品与这种情感联系起来。他们知道自己在做什么生意。

莫尔森让人们感觉像是在开派对；苹果让人们觉得他们可以与企业竞争；耐克让人们觉得他们可以实现任何目标；休·赫夫纳让男人觉得只要有更多的时间，他们也可以和双胞胎约会。

所以当你审视你的生意时，你必须把自己从你的产品中分离出来，从制造过程、甜水、啤酒花、空气鞋垫中分离出来。你必须像客户一样思考。要做到这一点，你必须悄悄地观察客户真正从你这里购买的是什么。他们会告诉你，但你必须仔细听。我一直认为最好的营销人员是最好的倾听者。我曾经有一个商业伙伴，他问了客户一个关于他们公司的问题，却自己回答了这个问题，还希望客户点头同意他的观点，但是两个人各自的独白并不能构成对话。

当我问客户一个问题时，有时我已经知道答案，有时我不知道，但我总是希望听到客户在回答中选择准确的措辞。这个答案就像一个手提箱，里面装着真知灼见、线索和细微的顿悟。许多客户都无法简明扼要地表达出他们自己的想法或对产品的看法，所以你必须从字里行间去体会，买东西的人也是如此。广告业传奇人物大卫·奥格威说过，客户不知道他们的感受，说不出他们所知道的，也不会按照他们所说的去做。但凭借有经验之人的耐心，你就会看到和听到你需要的信息。你必须提出正确的问题，才能得到发人深省的答案。关于他们真正需要的是什么，他们真正想从你这里买到什么，在他们说的话中都能找到线索。

客户在两种情况下最乐意提供信息：一种是他们来敲你的门，另一种是任务完成或购买了产品之后。例如，在海盗电台，我们为广播广告和电视广告制作音频。我们最大的客户是广告公司的创意部门。广告文案人员和艺术总监会把他们的广播文案或广告片给我们，我们来添加声音效果，比如脚步声或鸟鸣。此外，我们还要作曲和指导画外音。我们提供音频导演、音乐作曲家、音响工程师和台词制作人。在向广告公司营销海盗电台时，我们可以专注于这些事情中的任何一件，以及我们漂亮的录音棚、最先进的设备、面面俱到的选角、有竞争力的价格等等。

但创意团队想要的并非如此。

他们来到海盗电台，希望带走可以获奖的商业广告，就是这样。海盗电台有很长的获奖纪录，这就是我们营销海盗电台的方式。我们每年举办一整天的研讨会，教年轻的广告文案从业人员制作获奖的广播广告。我们举办午餐学习会，带着午餐走进广告公司的创意部门，播放我们从世界各地发现的获奖广播广告，并将它们分门别类，向创意团队展示优秀广播的隐藏要素。我们为广告颁奖典礼提供赞助，我们为各个高校的市场营销奖提供奖金。当我们的作品在世界各地获奖时，我们还在公共关系领域投资。

海盗电台有很多我们引以为傲的特色，但创意团队确实只想购买能够获得奖杯的商业广告，卖其他东西就是在自言自语。当然，海盗电台会有一个时间和地点来把你公司的特性分门别类，并逐一进行讨论，只是我们不可能将这作为营销的核心。人们根据情感来做决定，然后用细节来合理化这个决定。我们的广告公司客户追求的是获奖广告的情感回报。

如果你是公司的所有者或创始人，你就与公司机制的细枝末节有着密切的关系。

你白手起家。你花费了很大的力气建立了一个独特的内部蓝图。你可能开创了一种技术，你可能曾与数不清的问题斗争来提高你的系统的效率。所有这一切对你来说都是荣誉的象征。但是对你的客户来说，这无异于有关"每秒兆比特"的讲座。

那么，你做的是什么生意呢?

我在前文中提到过，当客户第一次来敲门以及合作完成时，他们会直言不讳地说出他们想从你这里得到什么。我再举一个例子。

在我的公司里，与广告公司创意团队就广播广告进行的第一次对话，蕴含着很多信息。他们会很兴奋地给我看广播广告文案，还提到其他获奖广告:"在超级碗比赛中播出的排名第一的那个大众汽车广告，里面的演员就挺有趣的，我们要那样的。"或者"我们喜欢宝马那个获得过克里奥广告奖的广播广告里的音乐。"

现在，这些建议不仅仅是关于寻找合适的演员或寻找特定的音乐作品。夹在字里行间的是创意团队创造获奖广告的愿望，因为评判创意团队的标准正是获奖。是的，为客户销售产品是极其重要的，但以高度的创造性来做这件事是这个行业的主流。奖励是可以计算的。产品销售是模糊化的，是多种力量共同作用的结果，而广告只是其中之一。知道了这一点，我会仔细听创意团队解释他们的愿望。我必须平衡他们的个人目标和他们的客户的目标。这就是为什么你的客户选择的词语如此具有启发性。他们把生意给你做的原因就在他们的话中。他们会告诉你他们来找你的原因，也会告诉你他们做的是什么生意。

当工作完成、产品卖出去了或服务提供完了，来自客户的下一个最重要的消息就出现了。你的客户会告诉你，你离满足他们最初的期望有多近。中间的部分，也就是满足客户需求的过程，充满了太多的迷雾，到处是令人抓狂的最后期限、各种问题、细节、预算和繁重的工作，而这个过程之前和之后都是沃野千里。一般大众对一个品牌只有很浅的印象。我们的脑神经高速公路上充斥着太多的信息。太多的广告堵塞，太多的数据烟雾。因此，在他们的脑海中，公共文件只是一份薄薄的文件。这种印象就是你的客户认为你所从事的业务是他们购买的东西，也是他们回购你的产品的原因。

的确，如果你是一家新公司，你就有一个很好的时间窗口，可以在那里建立这种印象。在初创的重要日子里，你的形象为零。但是，如果你的公司已经存在多年，那么你当初创业的核心原因可能已经在阳光下褪色了，也可能已经偏离了。或者你可能因为过于关注内部问题，因为跑得太快去追赶竞争对手，而在公司内部忽略了这个原因。不管怎样，你已经忘记了你最初创业的目的。

在我看来，西蒙·斯涅克在《超级激励者》一书中很好地总结了这一困境，在这一点上，没人能比他做得更好。斯涅克建议，客户会被那些完全清楚自己当初为什么创业的公司所吸引。他坚持认为"宗旨"是一家公司最重要的资产。宗旨包含了企业最初的激情，也就是企业的驱动力、独特的使命。随着时间的推移，大多数企业都陷入了一个陷阱，他们变得专注于"如何"和"什么"，即他们如何创造自己的产品，以及他们的产品是由什么构成的。企业变得越来越自我专注，特别是在他们成功之后，不过成功可能是一个陷阱。成功可以诱使一家公司停滞不前，变得抗拒改变。

这种内在的专注开始在市场营销中表现出来。但是，对于产品是如何制造出来的，以及他们的产品是由什么构成的，人们的兴趣并不大，更吸引他们的是你一开始为什么将产品制造出来。

苹果就是一个典型的例子。是的，苹果的产品设计形象是性感的，这些产品能让你做到的事情是无限的，但许多科技公司都可以这么说。苹果与其他企业的不同之处在于史蒂夫·乔布斯创建企业的宗旨。他想把一个抓钩扔到IBM的墙上，荡过"蓝色巨人"围绕其权力挖出的护城河，爬上墙，猛攻城堡。然后，当他发现IBM穿着睡衣睡着了，而这是最重要的部分，他想放下吊桥，让所有人都进去。他想把IBM以前只与有钱的公司共享的计算能力带进千家万户。这就是史蒂夫·乔布斯的"宗旨"，也是苹果公司的转折点。从《1984》到你昨晚看到的苹果公司的广告，每一个展示的都是个人在创造在1983年时只有企业才能做的事。

不久前，一个非营利性基金会的主席还在努力定义他们的宗旨。他向我求助。我建议他回想基金会成立的那一天。我问："那天，你们的创始人一拳砸在桌子上，说'肯定有更好的办法'，那一句之后他说的是什么？"那一刻就是你们的"宗旨"最好的升华。

企业与其创始人之间的关系破裂，原因有很多。有时是年龄问题，创始人上了年纪，就会退休，也可能是创始人离开了人世。有时是因为商业决策，创始人必须退位，以便得到对快速变化的市场的新观点。但当企业完全背弃创始人时，这对企业是一种极大的伤害。如此一来，企业就切断了与最初那份火花的联系。这火花在大多数创始人心中是一团炽热的余焰，它可能暗淡，但很少熄灭。几乎可以肯定的是，当创始人退休、去世或遭到排挤，企业就失去了与"宗旨"的联系。

几年前，我在汉密尔顿为几家肯德基连锁店工作。上校早就卖掉了肯德基，但仍担任发言人和质量控制员。店主们告诉我，他们非常害怕山德士上校来访。（上校当时实际上住在米西索加，经常突然造访。）他总是很不满，投诉特许经营人准备食物的方式。谈到上校时，店主们总是翻白眼。但事后看来，我很清楚这是怎么回事。上校创办了肯德基，他对自己的食谱充满了热情，他喜欢在一周中的任何一天给人们提供晚餐。当他看到他的梦想随着时间、距离和利润效率的变化而扭曲时，他的怒气就爆发了。他很暴躁，因为他试图保留最初的火花。

20 世纪 70 年代中期，肯德基做出了一件前所未闻的事情，他们起诉了上校。实际上，在肯德基的发言人公开将肯德基的肉汁称为"添加了污泥的墙纸糨糊"后，他们就以诽谤罪将其告上了法庭。你一定很喜欢上校的这句话，这简直就像一记右勾拳外加一个上勾拳。山德士上校之所以这样控诉，并不是因为自我膨胀，而是因为看到自己的"宗旨"受到糟蹋而感到痛苦。他创办肯德基是因为对美食的热爱。现在，肯德基是一家大型企业，对快餐业的"如何"和"什么"更感兴趣。顺便说一下，肯德基输掉了这场官司。

在我合伙创建我的公司之前，我是一个失意的广告公司文案撰稿人。每当我不得不雇导演来制作我的广播或电视广告时，他们中的大多数人都对我的文案横加指责，牺牲营销战略来迎合幽默。大多数导演都不懂营销，只对影片在行。由此产生的广告可能会很有趣，但卖出去的产品很少。从多伦多到纽约再到洛杉矶，这样的问题一再出现。我没有让导演保留我的文案，而是不得不保留导演的文案。所以，我们创建了一个我不用找导演的公司。海盗电台是一家制作公司，制作屡获奖项的广告，同时还可以保护营销战略。

你会听到我一拳砸在桌子上，大声喊道："一定有更好的办法。"

这就是海盗电台的使命。当我们营业的时候，我们被工作淹没了。显然，我不是唯一渴望得到尊重的文案人员。

只要我们偏离了既定的目标，海盗电台的生意就会受到影响。每当我们深陷公司的内部运作，并将其与市场营销混为一谈时，我们就会深受其害，我们将生意拓展到纽约的时候就是这样。我们花了很多钱和时间在加拿大宣传这件事，但没有人关心，不过就是海盗电台把生意拓展到美国而已。每当我们卷入与竞争对手的价格战时，我们都会遭受损失。每当我们违背自己的本能去取悦那些过于激进的广告公司的制作人（他们只关心预算，而不是创造力）时，我们就会遭殃。我们把公司的一部分卖给一家专门从事广告业务的外部投资公司，希望他们用他们的人脉帮助我们拓展业务，结果我们遭受了损失。那家公司以利润为导向，对我们的"宗旨"不太敏感。具有讽刺意味的是，最初吸引他们的正是我们的"宗旨"，当时在加拿大，大部分的广播广告都是由海盗电台制作的。随后，他们公司的僵化刻板慢慢渗入我们的引擎，沙子进入了齿轮。我们最初的火花开始慢慢熄灭。

也就是说，你到底是做什么生意的，这是这本书里最重要的问题。如果你不知道答案，你的营销怎么可能有意义？

如果你不能清楚地表达出你为什么做你的生意，你怎么能保护这个微弱的火花？如果你都不明白"宗旨"是什么，你怎么能向你的员工解释清楚？一个企业需要一个共同的目标，而不是一堆单独的目标。

最近，我发现了一本名为《拉斯克尔的广告历程》的老书。阿尔伯特·D.拉斯克尔可能是历史上最迷人的广告人了。20世纪20年代，他将洛德暨托马斯广告公司打造成北美最大的广告公司，他能取得这样的成就，是因为他率先使用了当时被称为"原因－为什么"的模式。在这个深刻见解（给人们购买一个品牌的理由）出现之前，广告只是新闻。换句话说，拉斯克尔把广告变成了营销。这本书逐字逐句地记录了拉斯克尔于20世纪20年代在两天里给员工所做的演讲。他做演讲，是为了让他的广告公司这个多年来发展迅速的企业，重新找回最初的火花。在那两天里，拉斯克尔详细阐述了洛德暨托马斯广告公司的理念、原则、他对公司和员工的期望，以及他为什么如此热爱广告业务。它与盈亏无关，与制度无关，与会计账目无关。拉斯克尔希望广告公司可以齐心协力，像一台机器一样运转。他的演讲是关于理解是什么让洛德暨托马斯广告公司独一无二。这是一场关于他身为一个先驱者对营销的热爱，关于接受他们广告公司的"宗旨"的演讲。

五十年后，广告界的代表人物大卫·奥格威意识到，他不可能经常出现在遍布世界各地的六十个奥美广告分公司的办公室里。于是，他给员工们发信件和备忘录，打印他的演讲给员工看，借此保持员工与企业宗旨之间的联系。奥格威内心明白，领导者的工作就是不断地煽风点火，维持当初的火花。当他退休时，奥美广告公司的高管把他所有的备忘录和演讲汇编成一本书《未出版的大卫·奥格威》，并把书送给了他。这本书如今已经出版了，我强烈推荐此书。

阐明你所从事的生意是什么，关键在于纯粹的情感练习。对创始人来说，这是一个激动人心的时刻，正是这种情绪吸引着顾客。当米其林放弃了影响力深远的广告语"只因你的轮胎承载了太多"，而采用"引领进步之道"时，我完全感受不到他们的决心。新广告语中没有一丝感情的火花，听起来像是沃尔特在会计领域创造的一个口号。再来说说苹果公司，他们对 IBM 嗤之以鼻，并打破了人与技术之间的壁垒；莫尔森啤酒是你和朋友一起用来缓解情绪的；耐克就是要你从沙发上起来，完成一些事情。

他们可不是一群会计。

看看前面那些广告语。它们有影响力，有重点。"引领进步之道"则没什么特色。此外，难上加难的是，你应该能够用一句令人信服的话来概括你公司的驱动原则。这是一种"电梯推销"（详见下一章）。你的核心驱动目标不能是一段话。没有一家成功的企业会用一段话来介绍自己。当然，你可以说，在某人发表了一场振奋人心的演讲后，许多事业都获得了成功。但是，没有人记得演讲的细节，他们只记得演讲带给他们的感觉。电梯推销就可以制造出这样的感觉。这种感觉就是你真正从事的业务，也是带来回头客的关键。

记住一点，顾客想要的永远不是产品。他们想要产品所带来的好处，并从一个宗旨犹如骑兵翻山越岭的企业那儿购买这种好处。苹果的骑兵举起海盗旗，从独特的角度攻击企业。莫尔森的部队说，从早上九点到下午五点这段时间你或许属于你的老板，但从五点零一分到午夜，你都是属于你自己的。耐克的队伍说，加油，去做吧。

人们买的不是 3/4 英寸的钻头，他们购买的是 3/4 英寸的洞。

这句话我已经说了三十多年了，并为此获得了很多的好评，可后来我重读了西奥多·莱维特写的一本书，才意识到我是在不知不觉中从他那里偷来了这句话。然而，这是对市场营销的完美诠释。人们购买的是好处，不是产品，也不是功能。他们从与其相关的公司购买的是解决方案。

这就是为什么了解你真正从事的生意是如此重要。最糟糕的营销情况是，你一直在卖轮胎，而你的客户要买的却是安全。在这种脱节的情况下，这家企业的未来将布满荆棘。

聪明的公司会为此担忧。但一旦你从自己的窗口回望过去，一旦你拿出听诊器倾听公司的心跳，一切都将改变。你的营销将变得非常清晰、简洁、切中要害。不仅如此，你的营销还能激发更多的创造力。想想"JUST DO IT"这句广告语所激发的无穷无尽的创意。想想苹果公司在《1984》这则广告发布后的三十年里所做的所有标志性的营销。可口可乐一贯的"幸福"营销战略使其在《福布斯》全球最具价值品牌排行榜上名列前茅，该榜单包括苹果、微软和谷歌。一个于 19 世纪晚期诞生的品牌，至今仍在有着多家科技企业的榜单上占据着重要的位置，这一点很能说明问题。

　　最重要的是，如果你真的了解自己在做什么生意，你就能卖出客户需要的东西，解决他们要解决的问题。你的余焰将一直燃烧，并且十分旺盛。客户会忽略你那些价格更低的竞争对手，开车穿过市区，与你做生意。这也像是给你的员工提供了一颗永恒不变的北极星，让他们有跟随的目标。

　　你只需要知道你真正从事的是什么生意，然后用一句清晰、有说服力的话表达出来。这是极其困难的，但不要慌张，请跟我来吧。

卖点越多，越没吸引力

完善你的电梯推销

§

§

　　早在 1974 年,《时代》杂志就有一个"人物"专栏。这个专栏用短篇故事讲述了一些做出过杰出贡献的人的事迹。随着时间的推移,"人物"专栏大受欢迎,杂志的编辑们觉得或许可以把这个专栏发展成一个独立的出版物。为了成功,他们就需要独特的编辑观点。因此,总编辑理查德·斯托利带领团队开始完善这个想法。斯托利很清楚什么是热门。1963 年,正是他为《时代》杂志争取到了泽普鲁德拍摄的肯尼迪遇刺的照片。

　　一本写普通人的杂志可能无法坚持下去,但一本名人和普通人的故事各占一半的杂志就有可能一直存在。当这个想法被提交给《时代》杂志的时候,推销被浓缩成了一句话:一本以名人和普通人的不寻常故事为特色的杂志。

　　那个观点是势不可当的。《时代》支持《人物》,如今,在美国所有的杂志中,《人物》杂志拥有最大的读者群。即使是在不景气的印刷出版业,《人物》最近也吸引了超过十亿美元的广告,而其他大多数出版物则在苦苦挣扎。这一切都始于一场推销。

　　推销,就是练习把话讲清楚。

　　营销的任务在于不断地练习精简。对一个企业来说,就是要在一个清晰的声明中总结出公司的宗旨。对于该企业的广告，则是要将销售信息或想法与企业的本质剥离开来，是要反复打磨一份简要的说明，直到只剩下一个影响力强大的卖点。每一个有效的广告都应该只卖好一件东西，这似乎是广告学的基本原则，但这是营销界最常被打破的准则。"徒劳无功的广告文案十有八九都是我们在确定卖什么之前就写出来的。"广告人詹姆斯·韦伯·扬在 1942 年的时候这样写道。

从那以后发生了什么变化？并没有。

在我看来，问题主要在于商家，而不是广告公司。广告公司总是敦促客户在沟通时要集中精力、专心致志。一般来说，客户喜欢在每个广告中加入尽可能多的卖点，或者在阐述公司的独特之处时非常模糊，这就是问题所在。广告中卖点的数量与它被注意到的程度成反比。塞进去的卖点越多，吸引力就越低。营销的世界是一个杂乱的世界。

有一条法则是这样说的，人们每天接收三千多条广告信息，我认为这个数字太低了。一天早上，我做了一个实验，我数了一下我从早上六点四十五分起床到九点走进办公室的这段时间里，我收到了多少条广告信息。我做了我所有的例行事项。我的收音机闹钟把我叫醒。我洗了个澡，边刮胡子边听收音机。我一边吃麦片粥，一边浏览着报纸，背景中播放着早间电视节目。我跳进车里，开了三十五分钟去上班，途中继续听广播，经过了几十个广告牌和海报。然后我把车开进了我的停车位。

商业广告消息总数：九十九条。而且当时才刚九点，这时候，真正的广告攻势才刚开始。

传统的广告经验还认为，在这三千多条信息中，人们只能注意到六条，而可以记住的只有两条。你怎么才能进入那两条广告的俱乐部呢？我的朋友，答案很简单。一个专注的广告，只包含一个引人注目的战略和创造性的表达，才最有可能做到打动和说服观众。这就像我手里有五个苹果，我把它们都扔向你，你很可能一个也接不住。但如果我只扔一个，你就很有可能接住。欢迎参加21世纪的交流。围绕广告是否应该只有单一专注点这个问题，客户和广告公司之间有过很多争论，甚至多于关于收费结构和佣金的争论。

但我知道：简单明了的信息总是占上风。

为了保持专注，你必须提炼出广告的最基本信息。这就是为什么广告摘要被称为广告摘要，要简短才对。在我职业生涯中收到的成千上万份广告摘要中，简短的摘要很少。大多数都写了好几页。理想的简报是一页纸长，有足够的留白。这意味着负责起草的人要做大量的修改工作。正如他们所说，写的时候难，读起来才容易。这就像凿开石头，露出里面的雕像。摘要必须简洁、深刻、扼要。但在我们进一步阐述之前，我们先回顾一下障碍都有哪些。

电梯推销的定义是：如何在电梯从一楼到二楼的极短的时间内，向别人描述你的想法？这就是"电梯推销"。更糟糕的是，在这个定义中，你有可能是在一边上自动扶梯，而你的顾客是在另一边下自动扶梯，而你所拥有的时间就是你们擦肩而过的那几秒钟。

当我问你到底是做什么生意的时候，你的答案应该是一句令人信服的话。如果你需要一段话来回答这个问题，那你就没有弄清楚任务是什么。如果你的任务都是模糊的，那你做起市场营销，也将糊里糊涂。电梯推销是一种强逼出来的清晰，是坚持让你对你的提议或公司的核心进行概述。没有它，你的故事、营销甚至你的整个公司可能都没有焦点，让人看不到你的中心位置。

不久前，我读了一篇关于美国喜剧中心频道的文章。文章赞扬这个频道一向都很成功。有一次，负责原创节目的精明主管想要围绕一对非常有才华的喜剧演员打造一期节目。他对两位喜剧演员说："我们知道你们是很棒的喜剧表演者，但是这个节目要表达的是什么？"这个喜剧团队不知道该如何回答。

这位主管要的就是电梯推销。

他是在强迫这个团队去寻找他们喜剧的核心，那正是能让节目受欢迎的关键。你可能会惊讶地发现，许多企业主和营销总监都很难清晰地表达出他们企业的独特之处。我参加过许多会议，在这些会议上，成功的商人都不能简明扼要地表达他们的企业宗旨或他们的广告宣传活动的目标。通常，他们只会告诉我他们所在行业的基本优势。

商品说明存在问题，会对营销产生连带效应。那些没有经历过提炼信息过程的品牌，最终只能得到令人沮丧的广告文案撰稿人创作出的平庸的广告。每个企业都应该有一个火热的核心。一家企业所做的每一件事都应该从"拳头砸在桌上"那一刻开始。那是一个平台、一个基础，清晰地表达出一家企业的诞生是为了改变什么。企业的所有营销活动都应该以这个标准来衡量。企业要一直回顾其宗旨，永远不偏离。每当地平线上起雾时，电梯推销就会变成一座灯塔。

但为什么清晰地表达电梯推销如此困难呢？

敌人往往是流逝的时间。想象在一页纸的中央画一个点，然后在那个点周围画一个圆，就这样不停地画圆。一直画同心圆，直到画满一张纸。第一个小点就是创办企业的最初的火花。圆圈就是时间、发展、成功、失败、市场状况、员工增长、管理变化、竞争压力和商业周期。每画一个圆圈，公司就会离他们的起点远一些。当画了足够多的圆后，清晰地进行电梯推销的难度就增加了。

一家全新的公司拥有最好的窗口来阐述他们的宗旨。"砸桌子的拳头"发出的声响是新鲜的。我的建议是，趁着还很新鲜的时候，创始人应该为后来者记录下那一刻，并把它挂在墙上，让所有人都看到。随着时间的推移，随着市场力量开始模糊企业的使命感，这种对公司创始精神的浓缩将对员工尤为重要。如果那个时刻被记录并保存下来，公司将总是有一个清晰的标准可以参考。

当你要把你的目标提炼成一个令人信服的陈述时，你必须深入挖掘，找出你的公司的独特之处。最重要的是，你必须拒绝做出所有竞争对手都能做到的承诺。"更干净的衣服"描述的是洗衣粉的种类，而不是你的洗衣粉公司。因此，首先要避开整个行业都会做的承诺。把它写下来，贴在墙上。现在你已经确定了你的公司永远不应该做的承诺，这是一类商品都能有的效果，是一种商品立场。

现在，从这个起点开始练习：你的公司填补了市场上的什么空白？创始理念是什么？你的公司为什么要这么做（还记得斯涅克吗？）？除了利润，唯一的驱动因素是什么？你的战斗口号是什么？你的公司与它最大的竞争对手有什么不同？你公司的创始人与竞争对手的创始人有何不同？你站在你最大的竞争对手的办公室，与你在自己的办公室里有什么不同的感觉？你的企业理念是什么？你的公司对客户的独特理解是什么？你的公司如何真正地融入人们的生活？为什么人们想在你们公司工作？如果其他条件都一样，人们为什么选择你的公司而不是你的竞争对手呢？你的公司是如何将某一行业的产品特点转化为你的独特之处的？是什么特别的魔法在起作用？

如果你把所有这些都归结到一篇你的竞争对手仍然可以做出的声明之中，那么你电梯推销就还没有成功。要将你独特的宗旨放到一个瓶子里。当启尔公司在市场上占有一席之地时，他们声称无论是在热水还是在冷水中，都可以使用他们的洗涤剂，这才有了"适用于各种温度"这句广告语。其他品牌在这个领域做得都不好。挑出你的独特长处的过程，就像通过望远镜观察。你问问题是为了慢慢地让创造性的机会成为焦点。当你发现了这个机会，锁定它，开始构思创意，提出广告创意。

一旦你想出了一些有趣的东西，你就可以用电梯推销来测试一下。你能用一两句激动人心的话来描述你的想法吗？如果可以，这一定是个非常好的创意。如果需要一段话，那你就还没有准备好。

让我们看看一些出色的示例，来激励你的"电梯推销"吧。我最喜欢的是《连线》杂志的电梯推销。《连线》杂志创办于1993年，是一本报道潮流和创新如何改变商业、文化和科学未来的杂志。根据其网站所称，《连线》杂志及其网站每个月的读者超过一千四百万。但在他们最初创业到处寻找投资资金的时候，它只是创始人心中的一个概念。当一个企业只是一个概念时，电梯推销就是全部的关键所在。

当《连线》杂志的创刊者与潜在投资者会面时，他们立即获得了资金。原因就在于他们优秀的电梯推销。这绝对令人着迷。他们只是简单地说：《连线》将让你感觉它像一本从未来寄回来的杂志。

投资人听到这个电梯推销，立刻就能想象出这本杂志的样子，马上明白了它的含义，并当场给了创刊者他们想要的东西。二十多年过去了，这个"电梯推销"仍然是《连线》杂志一切行动的准绳。我们来分析一下这句推销语。创刊者本可以毫不费力地说："《连线》是一本报道未来科技趋势的杂志。"我认为，这样的推销比融资更容易让人觉得无聊。但是，"像一本从未来寄回来的杂志"这句话是如此强有力的词语组合。这本出版物通过某种穿梭时空的办法把知识传回来的说法令人陶醉。将"寄回"和"未来"这两个词结合在一起，的确聪明。如此简单，却又如此难忘，充满了潜力。这是一个让人无法摆脱的想法，让你念念不忘，也好像划亮了一根火柴，要去点着迷人的导火线。

如果说，当一家企业只是记事本上的一个涂鸦（就像1993年创办的《连线》杂志）时，一个吸引人的电梯推销是很重要的，那么当这家企业成立时，它就是至关重要的（比如1983年前后的苹果公司），当一家企业发展成熟之际，它就具有决定性的作用（比如今天的耐克）。它就如同一条泳道。竞争者们在他们的同心圆中挣扎和迷失的时候，你的公司就像迈克尔·菲尔普斯，如同鱼雷一样飞快地在水中向前游去，追寻着目标，掌握着天时地利，不可阻挡。电梯推销不仅有锁定的坐标，还包含了一种不可否认的洞察力。

例如，电影公司知道消费者会迅速决定看哪部电影。他们很清楚，有很多其他的选择等着消费者花钱去娱乐。所以，他们试图让你更容易做出决定。所有电影营销的关键在于回答一个问题：电影讲的是什么？这条线支撑着电影的海报、电影的广告，尤其是电影预告片。克林特·伊斯特伍德在1971年《肮脏的哈里》播出后一举成名。如果你的年纪足够大，而你还记得那部电影，这里有一个测试。为什么《肮脏的哈里》如此吸引人？是什么让这个角色在观众中引起了这种发自内心的反应？那部电影到底是关于什么的？你可能认为那是一个流氓的故事。你还可能认为肮脏的哈里是个打破所有规则的人。错了。这两条故事线索在此之前已经出现过很多次了。《肮脏的哈里》的秘密是这样的：他比他追捕的罪犯更暴力。这正是哈里·卡拉汉探长让人着迷的地方。这就是电影公司制作这部电影的原因。它吸引了数百万的电影观众，使这部电影成为20世纪70年代的顶级影片之一。这就是克林特·伊斯特伍德成为经典硬汉的原因，他以前演的那些意大利式西部片都没能达到这样的高度。

当好莱坞的高管们决定根据罗伯特·鲁德鲁姆的小说《谍影重重》改编一部电影时，他们其实不必看这本多达523页的书。他们只需要听一句话就可以为这部电影开绿灯：如果一个人在失忆后忘记了自己是世界上最危险的刺客呢？

为猪小姐佩吉配音的弗兰克·奥兹说，这个角色的核心在于猪小姐是一个"想成为女人的卡车司机"。仔细想想，这正是猪小姐佩吉有趣的地方。

还有《航班蛇患》。演员塞缪尔·L.杰克逊同意出演这部电影的前提是，电影公司不能更改片名。他很清楚这个名字有一箭三雕之效。《航班蛇患》集电梯推销、电影片名和营销于一身。

精心打磨的电梯推销所能达到的效果是非凡的。1986年的一天，一对新手编剧决定利用暑假去好莱坞推销他们的电影创意。他们到了之后，在电话簿上查找到经纪人，逐个打电话，直到找到同意见他们的经纪人。见到经纪人后，他们拿出剧本，概述了故事情节。经纪人说："听着，今天下午我约了一个电影公司的经理，向他推销创意，但是我的编剧刚刚说不来了，我又不想错过这次见面。那我们就一起去推销吧。"新手编剧说没问题，然后他们就出发了。他们不知道自己有多幸运，刚去好莱坞一周，就陪着经纪人去电影制片厂推销剧本。

他们来到了电影公司经理的办公室，握手后坐了下来，讲出了他们的电影创意。电影公司的主管听了之后说："我不太喜欢。还有别的吗？"编剧们就只有一个创意，如此一来，他们只好找了个借口跑到车里想别的创意。过了一会儿，他们钻进一间盥洗室，面面相觑，都有点慌张。然后，一个转向另一个说："还记得你说过的那个创意吗？有双胞胎出生时就被分开，后来又相遇了。"他的同伴说记得，但他们只有这一点想法，并没有想出故事情节。

"如果这对双胞胎是施瓦辛格和德维托呢？"

于是，他们大步走进办公室，对电影公司的主管说："嗯，一对双胞胎在出生时被分开，后来又见面了。一个是阿诺德·施瓦辛格，另一个是丹尼·德维托。"房间里一阵沉默。

然后，经理说："我买了。"

在那一刻，电影经理不仅可以想象出这部电影是什么样的，还可以想象出营销、海报，最重要的是施瓦辛格告诉德维托自己是他失散多年的孪生兄弟的场景。对此，德维托说："这太明显了。我一坐下，还以为自己是在照镜子。"这就是《龙兄鼠弟》的故事。一部电影只需要一个电梯推销就能卖出去。

编剧布莱克·斯奈德在他的编剧书《救猫咪——电影编剧宝

典》中说，如果编剧不能用一句扣人心弦的话来概括自己的故事，那他一定是没有把故事想透。除非你能说出一句话推销，否则你的故事就不算存在。这依然是清晰原则，一句话推销迫使你清晰地表达核心思想。

或者迫使你承认你没有核心思想。

这就是电梯推销是如此重要的原因。电梯推销就像金属探测器，只有在碰到金属时才发出响声。

营销也是一样。首先，企业必须有一个充满激情的追求。所有的营销活动都应该以此为出发点。在广告公司内部，推销广告创意必须经历同样的考验。如果创意团队不能用一两句话总结出他们的想法，创意总监就会说："还有什么？"如果可以用几句有力的话来表达，那这个创意就有可能还不错。如果不能，那创意就很有可能缺乏重点、散漫，或者内容太多，无法融入一个三十二秒广告的严格的框架之内。在一个诱惑太多的混乱世界里，复杂是致命的。

许多年前，以色列航空公司使用了速度更快的飞机。恒美广告公司受雇制作宣传广告。创意团队回来找创意总监比尔·伯恩巴克，给他看了一张海洋的照片，而且这张照片的一部分被撕掉了。

砰。完成了。无须进一步解释。

如果你想知道产品如何与一大群看起来毫无共同之处的人建立联系，那就深入到核心信息中去寻找。这种本质，也就是电梯推销，将激发一种普遍的欲望。使用苹果产品的有青少年，还有我的父母，他们都已经八十多岁了。一个产品如何能吸引如此广泛的人群？因为苹果的核心承诺是将技术从少数人手中转移到多数人手中。这种诱惑没有年纪的界限。

当史蒂夫·乔布斯试图说服约翰·斯卡利辞去在百事公司的高级职位，转投苹果公司时，他开出的薪水看上去就像一个电话号码。斯卡利拒绝了。然后，乔布斯给了他价值超过五千万美元的股票期权，斯卡利仍然拒绝了。乔布斯不停地给他打电话，希望能说服他。斯卡利都礼貌地拒绝了。于是，乔布斯飞到纽约，最后一次请他重新考虑。斯卡利说了谢谢。他在百事公司工作了很多年，他的未来也在那里。这时，乔布斯看着斯卡利的眼睛说："你是想后半辈子都卖甜水，还是想要一个机会来改变世界？"

正如斯卡利后来在他的《奥德赛》一书中所说，这样一个挑战让他喘不过气来。在见了那么多次面、通了那么多电话、提供巨额的薪水和数千万的股票期权之后，让他难忘的却是一句话。这句话啃咬着他的心，不让他睡觉。它是如此诱人，战胜了他对百事公司的忠诚，说服他加入了苹果。这句话作为史上最著名的电梯推销之一而载入史册。

当罗纳德·里根与时任总统吉米·卡特竞选总统时，他向美国人提出了一个简单的问题："你现在比四年前过得更好吗？"当选民们站在投票站时，这句话就像古龙水一样弥漫在空气中。大多数美国人的回答是"不"，并在里根的名字旁边画上了一个标记。

当陪审团在商议 O.J. 辛普森的命运时，辩护律师约翰尼·科克伦的"电梯推销"在他们耳边响起："戴不进手套，就必须把他无罪释放。"

在简洁的石头上把思想磨得措辞尖锐，就具有非凡的说服力。

当迈克尔·乔丹被问及是什么让芝加哥公牛队如此强大时，他只是说："一支球队，一个梦想。"这句话完美地抓住了球队的精神，表达了他们作为一个整体赢得比赛的强烈愿望。这句话成了他们在训练和比赛中的口头禅。公牛队在1991—1998年间赢得了六次总冠军，是NBA[①]历史上首个在一个赛季中赢得七十多场比赛的球队。

电影制片人彼得·古伯在他的《会讲才会赢》一书中讲述了传奇篮球教练帕特·莱利的精彩故事。在执教迈阿密热火队之前，他曾带领洛杉矶湖人队夺得四次总冠军。2006年，热火队甚至不被看好进入总决赛。尽管迈阿密有沙奎尔·奥尼尔，但是人们仍然认为他们敌不过许多更强大、更全面的球队。但是在莱利富有洞察力的指导下，他们成功地获得了总冠军。

热火队与达拉斯小牛队[②]交手，以三比二领先对手。他们再赢一场就能获得冠军。但最后两场比赛将在小牛队的主场达拉斯举行。从数据上看，拥有主场优势的球队在季后赛中每四场比赛能赢三场。热火队的不利条件在第七场比赛中最为严重。如果他们输掉了第六场，那么在对手的主场赢下第七场比赛的可能性几乎为零。

但是莱利确定，只要他能找到方法让队员们相信自己能赢，他的球队就能击败小牛队。他必须让他的队员们相信他们能在第六场比赛中赢得冠军。他不想让他们冒风险在小牛队的主场打第七场比赛。那么，他是如何激励他的球员赢得第六场比赛的呢？对于即将取得的胜利，他只是简单地用一句话告诉队员们："只带一晚用的换洗衣物。"

这句话表明，莱利不打算让小牛队打第七场比赛。他的球队不需要换衣服，因为他们将以NBA冠军的身份在第六场比赛当晚

① 美国职业篮球联赛。——译者注
② 后来球队更新官方中文名为达拉斯独行侠队。——编者注

回家。

他这么说了。他们做到了。

迈阿密热火队首次闯入总决赛，就夺得了 NBA 总冠军。

电梯推销不仅需要清晰表达，还要起到引爆器的作用。要能够点燃激情。持怀疑态度的人经常说，电梯推销有很大的风险，没有为重要的细微差别留下空间。但我认为，怀疑论者忽略了整体的情况。电梯推销是对创意的测试，是创意必须通过的无情的过滤器，以确定创意是否真实可行。电梯推销就像飞行员在起飞前的检查清单。它不应该是整体演示。这一点很重要。电梯推销是在早期阶段测试一个创意是否有效。然后，在会议室里，电梯推销是为了让人兴奋。一旦你做了电梯推销，有两件事会马上发生。首先，每个人都会身体前倾，然后，你听到的应该是"多给我们讲讲"这句话。这时候，你才可以列举出细微的差别，添加颜色，丰富你的创意。

或者从迈阿密热火队来说，则是消除进行第七场比赛的必要。

即使你的公司做得很好，不断完善你的电梯推销也可以使你的公司实现更大的飞跃。你的营销将会很清晰，你的员工将会有走向成功的 GPS 坐标，新的管理人员将会有一个剧本，你的客户将会对你的产品有一个清晰的了解，你甚至会做出更好的经营决策。

电梯推销可以清楚地表达一个创意、定义一个故事，保持营销活动的正常进行，并表现你的企业灵魂。任何一家企业如果不能用一句生动的话来表达自己的愿景，那它就是一家表现不佳的企业。

既然你已经用电梯推销道出了企业的精髓，那你就可以开始写营销战略了。

第三章

好战略并不是永远争第一

如何让你的企业在竞争中处于有利地位

§

§

　　一天晚上，在一堂功夫课上，我们的老师教我们如何在现实生活里的对抗中冷静下来。当暴力引发恐惧，恐惧便会造成肾上腺素激增。肾上腺素可以让你得到超越常人的清醒，也可以让你僵在当场。知道如何让自己快速冷静下来，可谓至关重要，因为愤怒和恐惧会让你效率低下。你开始呼吸急促、紧张，然后很快耗尽能量。

　　但那天在课堂上，我们进一步追问功夫老师，如果一场冲突不可避免，他会怎么做。换句话说，在可能引发冲突的紧张时刻，他会怎么做？他说他可能会表现出恐惧。他会畏缩，双手举起，做出投降的姿势。他会恳求侵犯者不要伤害他。听到这个答案，我们都很震惊。我们以为他会说，他会摆出战斗姿势，开始缩短他的拳头与攻击者受力点之间的距离。当我们问他为什么要表现出惊慌时，他说这是一种战略。他只要示弱，攻击者就会误以为他是一个容易被攻击的目标，进而过分自信，而当我们的老师最终发动攻击时，必将形成突袭。

　　这对我们所有人来说都是一个惊人的见解。这意味着在一个好斗的人面前表现得像一只受惊的羔羊，接受他们的嘲笑，让他们趾高气扬，是为了当他们过度自信暴露出机会之时，再发起攻击。

当你在市场上有对手或竞争者时，你必须运用战略。营销永远不应该只是一个不称手的工具。如果你做广告只是为了"让你的名字出现在那里"，那你就是在妄自菲薄；如果你的营销局限于月底特价或圣诞礼物等创意，那你就是做得不够好。大多数营销都在短期的需求和下一个危机之间徘徊，这就是为什么很大比例的营销资金都浪费了。

你请了一家广告公司，它首先要做的是分析你的生意、顾客、竞争对手和市场，寻找长处、短处、威胁和机会，然后利用侦察到的信息来制定营销战略。这就是特雷弗·古戈尔在午餐研讨会上所做的事。听起来像是打仗，在某种程度上确实如此。这些营销语言听起来有军事色彩，原因是 20 世纪 50 年代重建麦迪逊大道（也就是美国广告业）的人都是刚从"二战"战场上回来的。因此，市场营销包括战略、战役、战术、任务、领土、目标、闪电战和占领阵地的战斗。

其中最重要的当数战略。

你若是请不起广告公司，就得自己制定营销战略，这是一项艰巨的任务，特别是如果你不完全理解什么是营销战略。我与全国各地不同的公司和协会交谈过，因此知道营销战略是他们最纠结的问题。

首先，让我们看看一些熟悉的品牌。

你可能知道佳洁士牙膏可以"预防蛀牙"。你可能知道沃尔沃汽车以安全著称。M&M 巧克力豆是"只溶在口，不溶在手"；蒂姆·霍顿斯咖啡店的咖啡和食品"永远新鲜"；好事达保险"稳操胜券"。曾几何时，当你在伊顿百货购物时，它承诺"不满意就退款"。咖啡酥是一种"可口的小吃"，你知道巴克利的止咳药"味道不好,所以效果很好"。毫无疑问,这些广告商中有许多都很出色。但有一个问题:你真正记住的广告有多少?

我敢打赌,答案是几乎没有。因为你记住的是战略。

伊顿百货承诺退钱,他们的战略是向你的购买行为灌输信心,计划是利用这种信心,绕过竞争对手,把你拉进伊顿百货的大门;巴克利知道他们的药不好喝,所以采用了一种战略,让人们相信他们的药有效正是因为味道不好;佳洁士本可以说他们的产品有美白牙齿的功效,却选择将自己与预防蛀牙联系起来;咖啡酥想把他们的糖果条定位为小吃,而不是甜食。

这些想法都是销售战略。每个品牌都着眼于市场,找到了一个尚未被竞争对手占领的领域,并制订了一个无所不包的计划来占领这个领域。这之后,每一个广告或交流都是针对那个目标进行的。如果新的广告语与该战略不一致,就应该弃用,这个战略成了一个基准、一个路线图和一个最终目标。

来说一个最简单的类比:你去度假,首先你要决定自己想要什么样的假期。然后,你确定好目的地,仔细规划行程,并相应地做出预算。如果你都不知道去哪里,不知道走哪条路,不知道要带多少钱,你是不会跳上你的车或登上一架飞机的。营销战略也是如此。

没有总体规划,就不应该把钱花在广告上。换句话说,你要为你的生意或产品确定一个总体方向,明确地阐明你想拥有哪个部分的市场,以及你将如何实现这个目标。要做到这一点,你必须分析市场,确定哪些领域已经被竞争对手占领了。我建议逐个分析你的竞争对手,在不同的卡片上写下他们的特征。把这些卡片挂在墙上,这样你就可以看到所有卡片。墙上的某个地方将有一个开口,一个将你的卡片插入其他卡片之间的机会，一种从底部加入竞争的方法。

当佳洁士观察市场时，墙上的卡片写着美白牙齿、清新口气和社会的接纳，而佳洁士的机会在于成为预防蛀牙的品牌；当沃尔沃调查全球汽车市场时，墙上的卡片写着豪华、高性能、实用，他们的机会在于安全。巴克利的止咳药从1919年就问世了，是一个传统品牌，其他止咳药不得不绕着巴克利的轨道打转。这些年来，巴克利的止咳药一直效果不错，药中含有的味道不好的配料非常有效。他们的口号变成了："味道不好，所以效果很好。"这是一个聪明的战略，让巴克利在各种同类产品中有了一个独特的卖点。其他品牌只能凭借他们生产的人工调味止咳合剂加入竞争。

咖啡酥想要增加销量。该品牌分析了糖果产品的竞争情况，发现大多数糖果都被定位为甜食，但人们只会偶尔购买甜食。于是，咖啡酥决定占领你头脑中的"小吃"领地。因此，咖啡酥说自己是一种"可口的小吃"，而不是每月才买一次的甜食，就是希望人们可以经常买他们的产品。这个战略对咖啡酥的销售产生了很大的影响。通过与这一信息保持一致，他们说服人们将购买咖啡酥的频率提高了一两倍。

当马尔科姆·麦克拉伦审视美国音乐界时，他意识到自己只有很短的时间来让性手枪乐队大红大紫。因此，他精心设计了一个战略，在南方小城镇里引起人们的公愤，让媒体对此进行的报道成为他的广告。

在每一个例子中，人们都要分析市场，确定机会，所有的后续营销都是针对市场缺口的。

当你分析你的市场时，准确解读竞争对手的企业应该不难。竞争对手最让你讨厌的，可能正是他们最大的优点。当你在半夜躺在床上琢磨你的竞争对手时，他们就像床垫下的豌豆。现在，把你的竞争对手的优点和你的公司在市场上所代表的东西进行比较。如果你占据有利地位，你就要积极地捍卫它；如果你处于弱势，你就需要找到一个更聪明、更有效的战略；如果你的公司是一个全新的公司，那么这张纸就是干净的，寻找市场上的缺口，然后确定这个缺口里是否有商机。

简言之，这就是聪明战略的作用。它在人们的头脑中插上了一面旗帜，并规划出一条发展生意的道路。这样的旗帜总是存在的。你必须愿意去挖掘和分析。

理想情况下，你的战略应该取决于使你的公司独一无二的东西。在多伦多，只有海盗电台这一家制作公司的创始人以前做过广告文案撰稿人。这是一个重要的区别，其他大多数制作公司都是由音乐作曲家创办的，他们从未在广告公司待过一天。海盗电台不仅懂声音，还懂营销。我们制作的广播广告不仅可以获奖，还能把产品卖出去。我们在保护销售战略的同时增强了广告文案的创意。这成了我们市场营销中独一无二的销售主张。我们屡次获奖的作品吸引了广告公司的创意人员成为我们的客户，我们的营销优势吸引了广告商。那就是海盗电台在市场上独一无二的旗帜。

这种战略让生意越做越好。

查姆电台让我分析他们的市场营销，我就问他们，除了好的音乐，是什么使查姆电台在市场上独一无二的。（电台就应该有好音乐，绝对不要为此而做广告。）他们告诉我，查姆电台的特点之一是每年都组织许多比赛，发出许多赠品。当我询问更多的细节时——

毕竟，许多电台都会免费赠送奖品——他们说，他们每年会包机送听众去巴巴多斯，参加查姆电台在这个热带地区举行的年度现场直播。他们还告诉我，他们会邀请听众参加多伦多的早间节目，这些节目会采访明星。此外，在查姆电台赞助的大型音乐会举办之际，他们还带听众到后台的演员休息室与乐队见面。

我立刻明白了他们的战略：查姆电台能给听众带来金钱买不到的体验。

其他电台发放 CD、钱，举行疯狂购物，等等。但是，查姆电台为听众提供了普通人无法获得的 VIP 体验。从这一点出发，查姆电台的营销强调只有他们一家电台能提供价值不可估量的体验。这是一个独特而有力的声明。这就是战略的力量，形成了查姆电台独特的销售特色。它给了查姆电台一个营销路线图，让电台拥有一个不受音乐约束的精神领域。与此同时，这也削弱了其他电台提供的东西的吸引力（稍后我会就这一点继续讨论）。

另外，如果你发现竞争对手已经在市场上占据了一个强有力的位置，那么你面临的是一个强大的竞争对手。但是不要失去信心。强大的竞争对手只会让你变得更好。例如，在终极格斗冠军赛中，许多精英格斗者在面对较弱的对手时表现很差。他们是赢了，但看起来无精打采。然而，当一名顶级选手与一个排名靠前的对手对决时，最精彩的比赛就出现了。有价值的竞争只会让你变得更好，迫使你变得极度敏锐和专注。根据我自己的经验，每当海盗电台有强大的竞争对手时，我们就会做得更好，也会进行更明智的营销。我们很尊重顶级对手，他们的存在使我们不断地提升自己。

但有一件事很少被提及，当涉及市场营销时，如果你想发展你的生意，你的生意必定是来自某个地方，也就是来自你的竞争对手。

认识到这一点很重要。客户不会自己冒出来，收入也不会像精灵粉组成的彩虹一样凭空出现。就像地球上的水资源一样，客户也是一种有限的资源。这意味着你必须仔细考虑你将从哪里获得新客户，以及如何获得。

最有效的战略之一是重新定位你的竞争对手。这是战略中的战略：让你的品牌在公众的心目中形成定位，同时使对手失去竞争力。一个重新定位的经典案例就是阿维斯和赫兹这两家汽车租赁公司。20世纪60年代，赫兹是美国最大的汽车租赁公司，而阿维斯想要抢占赫兹的部分市场份额。所以，阿维斯说："我们是第二，但我们会更加努力。"这是20世纪60年代的激进言论。首先，以前从来没有人吹嘘自己是某个领域的第二名。但更重要的是，它将赫兹重新定位为一家不再那么努力的企业。阿维斯的另一个广告说："我们的队伍变短了。"这是一次切中要害的经典重新定位，利用了赫兹的优势里的不足之处。阿维斯的意思是，你可以在他们的柜台得到更快的服务，因为他们没有那么忙，因为它是第二，但他们会更努力地为你服务。

通过将赫兹重新定位为太大、太忙的公司，阿维斯在短短几年内将自己的市场份额提高了35%。

当泰诺进入一个由拜耳阿司匹林主导了七十多年的市场时，泰诺分析了机会，并确定要想获得巨大的市场份额，就必须重新定位阿司匹林。该公司的战略是称泰诺"不伤胃"，并借此实现了目标。阿司匹林偶尔会刺激一些患者的胃黏膜，也会导致其他患者出现少量胃出血。泰诺说自己的药物不会刺激胃，就将阿司匹林重新定位为会伤胃的止痛药。

泰诺有效地改变了人们对阿司匹林的看法。在广告中，泰诺承认阿司匹林具有缓解疼痛的主要功效，但对它用于缓解疼痛的强效成分提出了质疑。人们受到这种战略的影响，出现了两个结果：首先，有胃病的人停止服用阿司匹林；其次，那些没有胃病的人会想，为什么要去尝试阿司匹林呢？就这样，泰诺抢走了大量的市场份额，最终超过拜耳阿司匹林，成为止痛药的第一大品牌。

重新定位战略取决于几个规则。第一，必须找出竞争对手的长处里有哪些弱势。第二，通过改变公众对该品牌的看法来重新定位你的竞争对手，并从这种转变中获益。换句话说，他们的剑变成了你的剑。这是一个大胆的战略，但这是争夺客户的一个有效办法。

总部位于英国特伦特河畔斯托克市的精品瓷器公司皇家道尔顿发现自己在美国与一家名为莱诺克斯精细瓷器的公司展开了竞争。皇家道尔顿公司超过 50% 的产品都是出口销售，所以美国市场很重要。皇家道尔顿公司决定通过重新定位莱诺克斯来捍卫自己在美国市场的地位。为此，他们做了这样的广告："英国特伦特河畔斯托克市的皇家道尔顿瓷器 VS 新泽西波莫纳的瓷器。"莱诺克斯生产的也是上等瓷器，但他们是在新泽西生产的。无论你怎么说，新泽西都无法让人联想起有着田园风光的乡村、起伏的田野和彬彬有礼的英国贵族。由于这则广告，皇家道尔顿公司的收入增加了 6%。

白 20 世纪初以来，李施德林一首是漱口水市场上的领头羊。1966 年，斯科普漱口水进入市场。这款漱口水是薄荷味的，味道很好。为了把客户从强大的李施德林那里吸引过来，斯科普选择重新定位这个比自己更厉害的竞争对手。他们只问了一个问题："你愿意满嘴药味？"正如所有有效的重新定位战略一样，斯科普针对的是领先品牌的长处。每个人都知道李施德林的味道很糟糕，每个人也知道那可怕的味道可以杀死细菌。斯科普并没有挑战这一事实。斯科普所做的是改变了一种感知，暗示干净却有药味的呼吸可能和口臭一样令人不愉快。结果，斯科普从李施德林那里抢走了不少的市场份额。

当宝马首次进入北美市场时，他们在欧洲汽车市场上排名第十一位。在所有进口汽车中，宝马的形象最糟糕，许多人认为宝马代表英国汽车制造厂①。当时的第一品牌自然是奔驰。因此，在20世纪80年代，宝马将目光投向了收入丰厚的年轻专业人士。这些社会地位上升的一代人拒绝使用他们父母那一辈使用的奢侈品，碰巧奔驰就是其中之一。

宝马处于劣势，于是聘请了灵狮广告公司。这家广告公司创造了"宝马，终极驾驶机器"的口号。他们的战略是强调性能，而不是把宝马品牌塞进奔驰主导的豪华车领域。就这样，宝马选择重新定位奔驰。

因此，这家汽车制造商打出了富于感染力的广告：宝马，终极驾驶机器，而奔驰是终极乘坐机器。这是将奔驰重新定位为一个有轮子的起居室，将宝马定位为时髦且高性能的汽车。从本质上说，宝马攻击了奔驰的优势里的薄弱点。没有人怀疑奔驰的豪华，他们现在只是怀疑这种车的动力和操控性。就这样，宝马车的销量飙升。

现在你了解了重新定位，肯定意识到你已经在工作中多次见过这样的例子。还记得著名的"我是麦金塔电脑。我是个人电脑"的电视广告吗？那是一个幽默而又厉害的重新定位广告，将个人电脑

---

① 英国汽车制造厂英文全称为 British Motor Works，首字母缩写为 BMW，与宝马的英文缩写 BMW 一样。——译者注

定位为"书呆子们"的首选。百事可乐试图重新定位强大的可口可乐，称自己是"新一代的选择"，将可口可乐重新定位为老年人的软饮料。普雷格意大利面酱重新定位了拉古意大利面酱，称他们自己的产品是"浓稠的酱料"，让市场领导品牌拉古听起来好像很稀。当卢云堡是北美最大的德国进口啤酒品牌时，另一种叫贝克的德国啤酒想要夺走它的市场份额。因此，它借鉴了皇家道尔顿的做法，说："你尝过在美国最受欢迎的德国啤酒。现在来品尝一下在德国最受欢迎的德国啤酒吧。"这是一次强有力的重新定位。它承认了卢云堡的成功，却一针见血地指出卢云堡没能让世界上最挑剔的啤酒饮用者满意。没过多久，贝克就超过了卢云堡。

在上面的例子中，一个品牌都重新定位了另一个品牌。但有时，一个品牌可以尝试重新定位整个行业。在 19 世纪后期，象牙香皂开始称自己的产品"纯度高达 99.44%"，不含香精、清洁剂或染料，只有 0.56% 是非肥皂成分。这个品牌就是这样把其他香皂都重新定位为纯度不高的产品。

当我为时装零售商布雷顿写广告文案时，这家零售商希望吸引百货商店的顾客。布雷顿是时装专卖店，百货商店则不是，于是我看到了机会，写下了这句广告语："我不会在买电器的地方买我的时装。"我需要做的就是在人们的脑海中勾勒出一件时髦连衣裙和一台洗衣机并排而立的画面，以改变百货商店作为时尚目的地的印象。查姆电台说他们给听众带来金钱买不到的体验，市场上其他电台不管能提供什么，都无法与之相比，本质上来说，这也是对其他电台都进行了重新定位。

有时，企业也将面临内部战略上的障碍。通常，一种既定的内部思维方式会阻碍组织适应新的外部竞争压力。"我们这里就是这么做的"是市场营销的死亡咒语。有时候，战略必须首先针对公司本身。巴黎的地铁是欧洲第二大繁忙的地铁线路，每年运送超过十五亿乘客。但就在不久之前，他们遇到了一个大问题。巴黎地铁客流量一直在下降，收入急速下降，地面交通的客流量则在增加，人们不愿乘坐地铁，汽车、出租车都抢了地铁的生意。为了吸引巴黎市民，巴黎地铁不得不改变战略。为了实现这一目标，地铁管理层做出了最不寻常的决定。他们没有试图改变用户对地铁的看法，而是决定改变他们对用户的看法。

第一步是改变他们使用的语言。就这样，地铁的"用户"变成了地铁的"顾客"。当用户变成了顾客，巴黎地铁的思维过程就发生了彻底的改变。这意味着地铁不再是将人们从 A 地运送到 B 地的生意，他们提供的是人员流动的服务。随着这种心态的改变，巴黎地铁将整个战略都进行了重新调整。

首先，巴黎地铁在他们的地铁线路里安装了互联网终端，又增加了自动取款机、三百家商店、一千五百台自动售货机和一百个报摊。顺便说一下，提供设备的公司都很乐意向地铁公司支付费用。许多车站展出艺术作品，设置新的表演区，让演员们进行街头表演。巴黎地铁还创办了一个新的客户网站，上传交通信息、定制的旅行路线，还会报道巴黎发生的大事小情。就这样，巴黎地铁的客流量和顾客满意度都大幅上升了。

来看看这是怎么回事。

通过内部改革，巴黎地铁改变了客户对他们的看法。这一切都始于一个非常大胆的想法：让我们停止像列车一样思考。没有多少市场营销人员有勇气追求这种程度的改变。我相信99.9%的人会默认说服地铁乘客改变思维方式。大多数营销都是针对客户的，很少转向母舰。别忘了巴黎地铁已经有一百多年的历史了。改变一家成立二十年的企业的根深蒂固的行为都几乎是不可能的，想象一下，改造一个有一百多年历史的组织有多难。这就像让"玛丽女王"号在浴缸里掉头。

但令人惊讶的是，巴黎地铁做到了，这证明了大胆的战略具有熊熊燃烧的能量。一旦你能接受这个大胆的想法，能看到它所包含的强大逻辑，反直觉战略就能让一个组织越过障碍、竞争对手，有时甚至是市场力量。

那么，问问你自己：你的商业战略是什么？是什么让你的企业与众不同？你的战略如何使你的企业在竞争中处于有利地位？你的战略能描绘出你的企业的发展方向吗？你的战略对你的客户和潜在客户有意义吗？是否有机会重新定位你的竞争对手？你的新客户将来自哪里？差距在哪里？

我发现小型企业的企业主最缺乏这方面的思考。他们中的大多数人都没有制定营销战略，他们的广告让人感觉很随意，收益的确在逐步增加，但结果并不令人满意，他们发现自己还没有有效的市场定位时，资金就用完了。

我经常看到有的企业把战术和战略混为一谈。为假日购物季制作广告是一种转移产品的战术，而不是营销战略。虽然一个聪明的战略应该能够包含战术需求，但战术需求只是整个战略的一个子集。因此，如果你不得不在圣诞节期间为礼品做广告，你所有的季节性广告仍然应该重复你的主要战略。例如，沃尔沃营销可以转换成圣诞营销，说沃尔沃是在假日旅游季让全家人安全团聚的首选车辆。

战术：向圣诞节购物者宣传。战略：安全。

战术是市场营销的必要组成部分。机会将会自行出现，你会想要利用短期战术优势来帮助实现整体战略。但战术不是营销战略。这意味着在确定战术时，必须首先通过基准测试。如果其能符合主要战略，那它就是正确的；如果需要硬塞进去，那它就是错的。永远不要偏离你的品牌营销，不然，你将会一直绕路，并付出巨大的代价。

从我记事起，我父亲就是一个奥兹莫比尔汽车的粉丝。他喜欢奥兹莫比尔的奢侈品牌。后来，奥兹莫比尔不再面向我父亲这样的顾客。他们的广告主题变成了"不是你父亲的奥兹莫比尔"。渐渐地，这个品牌的广告不再那么吸引人，而是开始更多地侧重于以增加短期销量为目标的战术营销。在董事会议上，这个决定似乎是一个不错的举动，但从长远来看，它对其客户群产生了影响。在运营了一百多年后，通用汽车终于在2004年关闭了旗下奥兹莫比尔汽车生产线。近二十年来，我父亲一直开进口车，奥兹莫比尔汽车失去了它引以为傲的长期客户。

要始终将眼光放长远。

如果你是咖啡酥，你可以做圣诞战术营销（购物时不买点小吃吗？），可以赞助马拉松比赛（需要在十三千米标志点快速补充体力吗？），也可以把产品放在办公大楼的自动贩卖机里出售（压制四点钟的饥饿感吧！），但是咖啡酥所做的一切营销都是围绕着"可口的小吃"进行的。

让我们来一次更深入的探讨。

出色的营销使企业看起来很聪明，但是，绝妙的营销则是使顾客看起来很聪明。前者只是一家企业自说自话。他们的营销信息与顾客几乎没有关联，结果是他们的广告令人厌烦。但后者是关于与顾客就他们心中所想的进行对话，使顾客看起来更聪明，并改善他们的生活。这是一个与顾客相关的营销信息，能引起顾客的关注。

泰诺不伤胃。

真的吗？再多讲一讲。

这是很有趣的营销。

记住，绝妙的战略就是竞争优势。你的大多数竞争对手可能没有合适的商业战略。他们只是像弹球机一样对市场做出被动反应。他们把营销资金投入短期战术中。他们的广告创意很低级，没有什么比空洞的战略更削弱公司的实力的了。他们的营销并没有将公司推向一个既可定义其他公司又可防御的位置。

想想橄榄球比赛。打橄榄球，就是要在球场上向前推进。每一次队员聚集接受指点，都是一个短期的计划（战术），目的是接近球门线（战略），以实现触地得分（目标）。想想棒球：每个投球都是根据击球手的弱点量身定做的（战术）。每一次出局都是更大的计划的一部分，为的是赢得一局（战略），从而赢得整场比赛（目标）。

穆罕默德·阿里在"丛林之战"大战乔治·福尔曼，第一回合后，阿里意识到无法击败比自己强大得多的福尔曼，这时候，他很快改变了战略。在第一轮和第二轮之间的休息时间，阿里站在自己的角落里，当即决定让福尔曼把自己打倒。从那一刻起，阿里就背靠在绳子上，让那个大个子打到筋疲力尽，每一轮都让福尔曼的油箱里失去一点油（战略）。与此同时，阿里隐藏自己的实力，吸引福尔曼出重拳，耐心地等待着。当他的左半边身体因为福尔曼暴风雨般的右拳重击而开始麻木时，阿里在福尔曼耳边小声说他的左拳显然不怎么厉害（战术）。所以，到了第六轮，福尔曼换了手，开始用左手打阿里，阿里的左半边身体恢复了知觉。第八回合，阿里看到疲劳的迹象在福尔曼脸上停留了一毫秒。他抓住了这个机会，打出了一个爆炸性的八拳组合，把福尔曼击倒在地。你可以到 YouTube 上观看第八回合的比赛，你会注意到观众在看到福尔曼被击倒在地时都惊呆了。值得注意的是，拳击解说员直到福尔曼被击倒之际，才意识到阿里用了什么战略。没有人预料到结局是这样。

除了阿里。

1974 年那场拳击赛举办时，我才十几岁，是阿里的超级粉丝，但在我的脑海里，阿里的"倚绳战术"表演让我昏昏欲睡。我们都熟悉和喜爱的舞者阿里在哪儿？从那以后，我完全改变了我的看法。我现在认为这场比赛是阿里最棒的一场比赛，因为他不是用拳头打败了福尔曼，而是用智慧战胜了他。

这是战略力量的经典案例。

21 世纪，终极格斗冠军赛的综合格斗已经取代拳击成为顶级的拳击运动。许多综合格斗教练和冠军对未来的战斗做出了预测。

他们相信，随着综合格斗的发展和格斗智商的提高，格斗者们的身体将变得不那么强壮，对蛮力的依赖将减少，他们会更多地依靠格斗术中的"术"。换句话说，他们将更多地依赖于战略。

对比较小的公司的营销人员来说，这是一个至关重要的洞见。把你那些财大气粗的对手想象成你生意上的乔治·福尔曼。单凭单打独斗，你无法打败他们，你必须采用不同的战略。有了深刻的思考，你不仅可以生存，还可以发展壮大。你必须卷起袖子，开始分析你的市场，定义和完善你的战略。你得想办法赢。

你所要做的就是想办法让人们相信你。

IV

第四章

用情感来表达信息

人们感觉到了，就会相信

§

§

　　20世纪60年代末，波比·奥尔颠覆了北美职业冰球联盟。这位来自安大略帕里湾的杰出人才重新定义了后卫的能力。他带头发起全场快攻，绕过困惑的老将，随心所欲地控制着比赛的节奏，成为北美职业冰球联盟历史上唯一赢得联赛得分王头衔的后卫。小时候，我们饶有兴趣地看着波比·奥尔打比赛。我们注意到他的球杆上只有一条黑色带子。我们发现，奥尔喜欢穿着冰鞋打冰球的感觉。但是联盟有一条规定，所有的球杆都必须缠上带子。奥尔只缠了一条带子，他的确遵守了这个规则，却只做到了最低限度。他穿冰鞋还不穿袜子，这对我们这些从来不知道更衣室礼仪的孩子来说是一个惊人的发现。大三的一个晚上，奥尔忘记了穿袜子，他意识到他喜欢光脚穿冰鞋的感觉。他的脚趾直接接触皮革鞋底，就像一个杠杆和滑轮系统，正如体育记者凯瑟·凯利说的，奥尔可以证明物理学只是一个概念。

　　多年后的1988年，韦恩·格雷茨基转会到了洛杉矶国王队，这件事传遍了全世界。当他到达那里时，他问边锋他们更喜欢怎样的传球，是大力传球，还是轻抛传球？他们看着他，好像他在说克林贡[①]

------

① 《星际迷航》中虚构的一个外星种族。——译者注

语。从来没有人问过他们想要什么样的传球。但格雷茨基是终极组织中场，那些细节对他来说很重要。在最狂热的时刻，他能够在传球给队友的时候让他们有不同的感觉。

感觉这一主题在许多领域中都是至关重要的。

想想演戏。我曾与托尼·罗伯茨合作过，他是一位出色的演员，曾出演过伍迪·艾伦的许多电影。我问他伍迪是不是他合作过的最好的导演，他说是的，但他觉得自己最好的表演时刻是在西德尼·吕美特的电影《冲突》中。在罗伯茨出演的一个场景中，诚实的警察弗兰克·谢皮科（阿尔·帕西诺饰）把警察局里的腐败问题告诉了同事鲍勃·布莱尔（罗伯茨饰）。谢皮科相信布莱尔是自己可以信任的人，但在那个关键时刻，我们马上意识到布莱尔是不可信任的。在拍摄这个场景的时候，罗伯茨不停地做一个面部微表情暗示自己在骗人。吕美特则弯下腰，小声对罗伯茨说："不要让我看见。"换句话说就是，不要在肢体上传达这种表里不一的感觉。要去感觉，但不要表现出来。我们这些观众尽管没有从演员的肢体动作上看出来，却在这个关键的场景中深刻地感受到了布莱尔的内心。罗伯茨认为这是他职业生涯中最好的表演时刻。

电影剧本最重要的一个方面就是潜台词。在大多数情况下，正是潜台词吸引演员参与电影项目。对一个好的演员来说，背台词相对来说比较容易，但真正的技巧在于不说台词却能让观众感受到角色的内心世界。潜台词是无形的语言，揭示了故事中人物的真实动机。

在《教父》中，迈克·柯里昂与警察局长麦克拉斯基、黑帮对手索洛佐共进晚餐。我们知道他们这次见面各自怀着什么目的。从表面上看，这是为了达成停火协议。但事实上，我们知道迈克是来杀另外两个人的。

这个场景的潜台词引人入胜。为此，导演弗朗西斯·福特·科波拉安排在这个场景的大部分地方都使用意大利语。他这么做是有原因的：他想让我们把注意力集中在迈克翻涌的情感上，而不是对白。迈克以前从没杀过人，他知道，一旦他这么做了，他就没有回头路了。潜台词的影响力是如此强大，创造了一种让人几乎无法忍受的紧张感。我们观众能清晰地感受到这种无形的语言，就像演员说了台词一样。

想想医生对待病人的态度。许多医生在传达不好传达的消息时似乎缺乏必要的同理心，他们选择冷静客观地传递信息，而不是传递带有自己真实情感的信息。他们在这种时候是没有感觉的。

想想音乐。在一个新录音棚录音的过程中，一名音响工程师曾经在法兰克·辛纳屈和乐队之间架设了一个屏风。顺便说一下，很多录音工程师都是这样做的，他们认为歌手应该单独在一个地方。但是，辛纳屈吩咐把屏风拿走。"蓝眼睛"辛纳屈需要感觉到管弦乐队演奏的曲子冲击自己的胸口。这也影响了他融入音乐的方式，席卷而来的音乐也帮助了辛纳屈，使他的歌词更具表现力。音乐在电影和电视节目中起着巨大的作用。正如任何一位导演都会告诉你的那样，音乐让你知道如何感受。当音乐暗示这种感觉时，一个敏感的场景就会变得富有情感张力。一段突然变得紧张的音乐，远在我们看到演员之前，就告诉我们要感到焦虑。在拍广告的时候，我总是给音乐分配一个角色，把它当成场景中的一个演员。

现在，我们来看看营销。

许多年前，英国铁路公司要找一家广告公司。他们联系了伦敦的几家广告公司，其中一家名为艾伦·布雷迪＆马什的广告公司做出了回应，邀请英国铁路公司周一上午九点到他们的公司来听推介。那天九点，三位非常优雅的英国铁路公司高管走进了这家广告公司的接待区，他们简直不敢相信自己看到的一切。大厅很脏，看起来好像好几个月没打扫过了：到处都是空咖啡杯、满是烟蒂的烟灰缸、一层层的灰尘和报纸碎片。接待员忙着和朋友打电话，并没有招待他们，然后，她头也不抬地突然让高管们坐下来，说是创意总监一有空就出来接待他们。非常得体的英国铁路公司的高管们环视肮脏的大厅，擦了擦椅子才坐下，等待着创意总监出现。

时间一点点过去。二十分钟，三十分钟……他们在大厅里整整坐了五十分钟，英国铁路公司的高管们又怒又惊，他们起身离开。就在那一刻，创意总监出现了，说："先生们，你们刚刚经历了成千上万的英国铁路的客户每天都在经历的事情。让我们坐下来，看看是否能想出办法改变这种状况。"

好吧，这是我职业生涯中听过的最大的赌博之一。但你猜怎么着，这家广告公司赢得了这笔生意。

为什么？因为他们让英国铁路公司感觉到了问题，而不仅仅是理解问题。（换句话说，铁路公司必须改变他们的方式，那样他们的新广告才能奏效。）

很多营销传递的都是纯粹的信息，不过是大量的理性逻辑，涂上一层冷冰冰的事实，顶上再加一颗研究樱桃。不要误会我的意思，硬数据也是重要的，但它不可能成为你营销的重点。原因很简单：如果你的信息只是纯粹的信息，人们不会针对你的信息采取行动。谷歌前首席执行官埃里克·施密特说，现代社会每天产生的信息比

2003 年之前所有文明创造的信息都要多。在一个人们每小时都被信息轰炸的世界里，人们为了生存，并不会理会太多信息。平面信息很容易被忽视。人们甚至会忽视对他们至关重要的信息。每年两次，我们都被告知"更改时制的时候，要更换烟雾探测器的电池"。这个信息很重要，有可能挽救生命。

但没人这么做。

你看，直接的信息是有诱惑力的，它诱使发布信息的人认为，即便只是将数据传递出去，也会有效。但是，关键在于怎么样才能真正影响别人，在于让人们能从内心里感受到你的信息，而不仅仅是理解那些信息是什么。

情感是区分的关键。

我年轻时最喜欢的电视广告之一是天美时手表的广告。从 20 世纪 50 年代中期到 70 年代初，美国全国广播公司前新闻播音员约翰·卡梅伦·斯韦兹进行了一系列天美时手表酷刑测试。在每一期节目中，他都将手表置于危险的环境中，以测试其防水和抗冲击能力。在其中一个最令人难忘的广告中，天美时手表被绑在发动机的螺旋桨上。发动机被放进一个水箱里，然后启动。手表在水中以每分钟 4500 转的速度旋转。发动机关闭，手表被拉了出来，一个特写镜头显示手表仍在嘀嗒转动。在另一项测试中，手表被绑在箭尖上，而箭在射穿玻璃后落入水箱里。还有一个测试，一块天美时手表被绑在一艘船的船体上，船在轰鸣的激流中破浪前进。在每种情况下，当手表被取出来的时候，指针仍然在走。对一块零售价为 9.95 美元的手表来说，这已经很不错了。

天美时手表的广告有一句堪称史上最精彩的广告语："它舔了舔

流下来的水，继续嘀嗒走。"那为什么这则广告能播二十年？为什么到了1967年，天美时成为美国手表销量第一的品牌，占了手表总销量的三分之一？

因为观众可以从心里感受到天美时手表很结实。说手表防震、防水是一回事，但将手表能经受住极端考验的情景展示出来，就是另一回事了。人们不仅在理智上理解了这个信息，他们还在情感上感受到了。你也必须把这个广告放在一个特定的时代背景下。在20世纪六七十年代，产品总是不尽如人意。我记得我父亲的车经常出故障，我母亲的电器总是需要找人来修，玩具在购买一周后肯定会坏。那是一个不同的时代，数量压倒了质量。但是，当天美时通过那些让你提心吊胆的测试来展示他们的手表十分耐用时，人们就被这种区别震惊了，他们知道自己拥有的产品很少能通过这样严格的测试。

人们感觉到了，就会相信。

天美时明白这一点，并坚持相信这一点是有用的。在一则现场广告中，天美时公司第一次将手表绑在船只的螺旋桨上，测试人员将发动机拉出水面后却发现手表不见了。腕带断了，手表也丢了。天美时有没有把那则广告删掉？不仅没有，那则广告还播出了，斯韦兹说，他们将在下一则广告中再次尝试，以证明天美时手表确实防水防震。第二次，他们用了更结实的腕带，当他们把手表从水里拉出来，可以看见指针仍在走。第一个广告的失败使得第二则广告的成功更加可信。

21世纪的一则广告要重谢天美时，这则广告来自厨房搅拌机系列产品品牌柏兰德。在一系列你可以很容易在YouTube上找到的非常受欢迎的视频中，该公司创始人汤姆·迪克森在搅拌机中放入了各种各样令人震惊的物品来展示机器的性能。这些电视购物广告是"它能搅拌吗？"系列节目的一部分。标题说明了一切。2006 年，迪克森制作了他的第一个视频，他在广告里搅拌了五十颗玻璃弹珠。他使用搅拌机最慢的速度，也就是冰激凌模式，在几秒钟内把弹珠变成了粉末。接下来，他在九十秒内磨碎了整个木耙柄。（你一定要看看这个广告！）他还把他的金属高尔夫球杆的球头搅碎了。他搅碎了冰球、一罐可乐和十五英尺长的橡胶软管。随着时间的推移，迪克森的视频变得更加有趣和离谱。他把"坏家伙"人偶和一个查克·诺里斯的人偶一起搅碎了（搞笑的是，查克·诺里斯的人偶从"坏家伙"人偶的碎片中立了起来）。他把他的 iPhone^① 和 iPad^② 都搅碎了。他搅碎了他的滑雪板，甚至搅碎了一个贾斯汀·比伯人偶、CD^③ 和 DVD^④。

　　这些视频为柏兰德带来了巨大的销量。在撰写本文时，这些视频已经吸引了超过 2.5 亿的浏览量。它们非常有说服力，就像天美时广告在它那个时代一样。这些大胆的测试产生了情感上的影响。与迪克森特有的僵硬相搭配，柏兰德的测试产生了情感上的影响。你笑了，笑得前仰后合，你的大脑收到了一张购物便笺。搅拌机超出预期的离谱程度让你别无选择，只能相信。

　　当真实信仰牌牛仔服的创造者努力销售产品时，他注意到了这样一个事实：服装商店的销售人员是许多客户决策的关键。于是，

① 苹果手机。——译者注
② 苹果平板电脑。——译者注
③ 激光唱盘。——译者注
④ 数字激光视盘。——译者注

他向销售人员免费发放牛仔裤。很快，他的牛仔裤就卖光了。售货员穿上牛仔裤感觉很好，就开始向顾客推荐。

正如心理学家告诉你的那样，我们做决定的时候20%是用头脑，80%是用心。然而，大多数广告只针对头脑。（"引领进步之道"！）大多数广告都是介绍枯燥的价格和商品，充斥着枯燥的细节和法律条文。但即使人们理解了你的信息，也不一定会花钱购买。

人们感觉到了，就会相信。

激光眼科医生通常很难让顾客相信眼科手术是安全的。人们想保护自己的眼睛，眼科医生却拿着锋利的东西靠近别人的眼睛，这只会让他们退缩。因此，为了让病人克服对激光手术的抗拒，一位医生给潜在的病人做了演讲，他的话都是基于事实的。然后，他指着一篮子被丢弃的眼镜让人们看。在那一刻，他的病人可以感受到手术的好处。他们也想把自己的眼镜丢进篮子里。这种渴望就是他讲话的情感核心。

归根结底，营销最重要的功能是说服人们购买产品。为了让奇迹发生，你需要人们对广告做出反应。他们只会在你的信息中含有情感内容的时候，才从沙发上起来搜索你的信息。这种内容可以有多种形式。一条信息可以让人们笑，也可以让他们忧。它可以让他们感到惊讶，感动得流泪，让他们感同身受。它还可以让他们以一种全新的方式看待产品。因此，如果你要创建一个营销信息，请根据这个标准来评估：如果你的信息只是直接的信息，那就三思而后行；如果它没有引起人们的反应，那它就一点用处也没有。你不能挠自己的痒是有原因的，因为你不可能让自己大吃一惊。我总是说，只有两种产品可以仅靠直接的信息生存，那就是治疗癌症和解决秃顶的方法。其他的一切都需要强有力的营销。

现在来说一个好消息。情感几乎可以添加到任何产品或服务中，不管产品是多么不重要或无聊。现在我来证明一下。

几年前，为《纽约时报》撰写消费专栏的记者罗布·沃克想做一个实验。他的假设是："故事是情感价值的强大驱动力，情感对任何特定对象的主观价值的影响实际上是可以进行客观衡量的。"换句话说，他想看看一个故事是否能增加一件物品的价值。

正如沃克在他和约书亚·格伦最终出版的关于这个实验的书《重要的物品》中所说，故事让物品变得更有意义。故事使我们珍惜童年的玩具、传家宝和其他的附带物品。在我写这本书的时候，我所坐的书桌的抽屉里藏着一张一美元钞票，这是我最早当广告文案撰稿人时挣的钱。它之所以重要，是因为它背后的故事，而不是在于它的内在价值，不是在于它价值一百美分。沃克想看看故事是否能使我们对一件物品的估价远远超过其合理的"市场"价值。他想知道，在其他条件都相同的情况下，一个故事是否具有增强欲望的神奇能力。

罗布·沃克所做的实验是这样的。他去了各种跳蚤市场、庭院旧货卖场和旧货市场，买了一百件东西，这些东西要么普通，要么乏味、古怪，平均每件1.25美元。接下来，他招募了一些他认识的最好的作家，为这些物品创作短篇故事，沃克要求故事要为这些旧货增添意义。然后他在易贝网上摆上了所有的物品，并用这些故事作为物品描述。

结果是惊人的。例如，一个肉类温度计的故事是这样的："那时候，什么东西都有温度。奶酪很冷，鳄梨是温的，我的心是一块炽热的肉，被爱情的温度计刺穿了。"

这到底是什么意思?

沃克买这个肉类温度计花了 75 美分。在它连同那个故事被放到易贝网后,有人以 51 美元的价格买下了它。很有意思,不是吗?还有一个红色的木槌。这件物品很小,油漆都剥落了,照片的焦距也有些模糊。一名作家为它所写的故事是这样的:"2031 年 9 月 16 日凌晨两点三十五分,一个时间裂缝——时间和空间结构里的一个'缝隙'——将出现在现今杰弗里小酒馆所在位置的 16.5 米的上空,地址是拉勒米伊文森大道 123 号。只有持此槌的人才能毫发无损地进入裂缝。那之后,如果这个人完成了八件大事,他就将成为宇宙的最高统治者。"

木槌的原价是 33 美分。经过激烈的竞价后,木槌被挂在易贝网后的最终成交价为 71 美元。

沃克在旧货店以 128.74 美元的总价购买的物品最终在易贝网上以 3612.51 美元的总价成交。这些 1.25 美元的商品中有许多售价超过 50 美元,有些甚至超过 100 美元。这种情况引申出了一个非常有趣的观察结果。沃克发现,一旦你开始增加一件物品的情感能量,你就将引发一种不可预知的连锁反应。事实证明,即使故事是负面的,或者让物品的吸引力降低而不是增加,那也证明了情感能量的影响。物品的价值大幅增长,因为这些故事激起了人们的情绪。

我知道:当你把情感加到一个物体上时,人们会有感觉。如果你坚持在营销中使用直接的信息,人们很可能什么都感觉不到。

沃克在易贝网卖旧货是 21 世纪市场营销的完美示例。这个网站上的东西很多很杂。各种产品无穷无尽,照片单调乏味,描述也是干巴巴的。就像一般的广告一样,网站上的大部分内容都很糟糕。

然而，沃克上架的产品，连同那些短小、古怪的故事，在页面上是那么生动。当易贝网上的其他东西都是枯燥无味的信息，或令人窒息的惊叹号（不要错过这个产品！！）时，爱情的温度计刺穿心脏、木槌可以让主人变成至高无上的统治者等故事则说服人们花钱购买，在某些情况下，他们花的钱要比最初购买物品的价格高出 2700%。这些故事让买家有了感觉，这种感觉激发了他们的欲望。

当你创造一个带有情感内容的信息时，它会吸引人们。领导力顾问埃德温·H.弗里德曼说得更清楚："人们只有在靠近你的时候才能听到你的声音，而你在后面追着他们，他们是听不到你说话的。"情感是吸引，而不是追逐。

我一直喜欢幽默的广告，在过去的二十五年里，我指导的一万多个广告大部分都具有幽默的成分。所有的营销都是一种入侵，它借助了人们集中注意力的真正原因：看电视、听广播、浏览报纸或上网冲浪。这些媒介之所以存在，是因为它们有内容，不是单纯地为了播广告（不过超级碗可能是这个规则的一个例外）。因此，如果广告是一种干扰，你如何才能使这种干扰以最礼貌的形式出现，或至少是尽可能减少干扰？更重要的是，你怎样才能对敲门声有所回应呢？一个答案就是幽默。

理解幽默和喜剧之间的区别是很重要的。幽默是给予，是慷慨。喜剧所起的是削减的作用，通常都很讽刺和尖刻。这就是为什么幽默更适合用在营销方面。要使别人笑，就要创造一种情感联系。幽默能把人集中在一起。想想你认识的人。你最希望的是那些能让你笑的人陪伴在你的身边。幽默不是追逐，而是吸引。

不久前，我听了电影制片人理查德·柯蒂斯在戛纳广告节上的演讲。柯蒂斯是一个非常成功的编剧兼导演，他的作品包括《憨豆先生》《黑爵士》《四个婚礼和一个葬礼》《真爱至上》《BJ 单身日记》《诺丁山》等等。他在戛纳广告节上公布了一项新的营销活动，讲的是他倡导解决的极端贫困和气候变化问题。这个活动将首先推出一则电影广告，北美和欧洲的每家电影院都将在同一天放映。这将是有史以来第一个全球电影广告。当柯蒂斯在讲话时提前介绍这则广告时，媒体惊讶地发现这则广告以幽默的方式应对极端贫困和气候变化。难道这个主题不需要更严肃的语气吗？

柯蒂斯是这么说的：他早年作为《黑爵士》的编剧，意识到让观众记住一个重要情节的唯一方法就是把它和幽默联系起来。所以，如果奈杰尔·里德利爵士来吃晚饭，几乎没有人会记得。但如果说大屁股奈杰尔要来，就没人会忘记。幽默使它经久不衰。

现在，幽默不是有效营销的唯一办法，但它说明了其中的规则。情感内容让人在乎，也就是说，大多数学习机构对智力推理的重视远远超过对情感的重视。然而，情感是世界的燃料。即使在像美国国家航空和航天局这样以数学和科学为主的机构里，去月球的决定也不是由理性的事实所驱动的。登月是约翰·F.肯尼迪在情感的驱使下提出的，他说要在 1970 年之前让人类登上月球，以证明美国的优越性。在整个 20 世纪 60 年代，美国国家航空和航天局不断地以情感来营销登月计划。它与《生活》杂志签署了一份合同，杂志对宇航员及其家人的故事进行全面报道，宇航局还采用了新的卫星通信技术，宇航员携带的是美国无线电公司的小型摄像机，这些创新对美国人的日常生活产生了有益的影响。也许最激动人心的推销是那句警告：苏联人控制了外太空，就会向美国扔炸弹，"就跟小孩在高速公路桥上扔石头一样"。仅仅是这一点就说服了政府继续签下巨额支票。

美国国家航空和航天局不仅需要国会的支持，也需要美国公众的支持。人类登陆月球将是美国有史以来做过的最昂贵的一件事，总花费超过一千七百亿美元（顺便说一下，当时正在进行的越南战争也花费了很多钱）。如果登月这个决定是严格按照逻辑做出的，那它就永远不可能成真了。是情感决定了结果。美国寄希望于这个结果。

"二战"后，邓肯·海恩斯等公司在市场上营销速溶蛋糕粉，你所需要做的就是往蛋糕粉里加水和两个鸡蛋。蛋糕粉在家庭主妇之间大受欢迎，但在20世纪50年代，他们的销售额开始急剧下降。随着时间的流逝，女人们不再喜欢这种速溶蛋糕粉。她们在制作蛋糕的过程中得不到满足。毕竟这太容易了，感觉就像她们在欺骗自己的家人。为了给人方便而创造出来的产品变得太方便了。

那么，邓肯·海恩斯这样的品牌是如何扭转局面的呢？秘诀是让家庭主妇感觉自己像面包师。其实就是往蛋糕上撒糖霜。这家公司向厨师们（也就是女性）展示了如何添加松软的糖霜，不仅撒在蛋糕的顶部，还撒在每一层之间以及蛋糕的四周。这个建议让她们觉得自己是真的在烘焙蛋糕。与此同时，蛋糕粉的销量再次飙升。事实上，糖霜蛋糕的照片成了那个时代最典型的广告图像之一。一旦女性感觉自己投入了烘焙蛋糕的过程，她们就会没完没了地买蛋糕粉。

皮克斯动画公司联合创始人艾德·卡特姆在其引人入胜的著作《创新公司》中表示，高超动画的定义不仅仅在于动作，而在于意图。换句话说，就是情感。在我创作本书的时候，皮克斯已经连续制作了十五部很受欢迎的电影。这其中的诀窍不仅在于出色的动画，还在于当一个名为瓦力的机器人因为重启程序而不再认识他的机器人爱人伊芙时，你会潜然泪下。这是一部关于机器人的动画片，你看的时候需要一盒面巾纸。人们有了感觉，就会投入其中。当他们被营销中的故事打动时，他们会花更多的钱，坚持得更久，用更多的时间来寻找你。当华特·迪士尼开始推销第一批米老鼠玩具时，他意识到，人们把米老鼠玩具带回家，也会把它珍藏在心中。

我之前提到过，在20世纪六七十年代，产品的质量不是很理想。现在则完全不同了。如今，我们认为质量好是理所当然的。你多久需要打服务电话叫人来修理你的洗衣机？你的车上次在高速公路上抛锚是什么时候？产品质量或多或少都是当今最大的均衡器。现在的品牌比起以前有更多的相似之处，重要的是差异化，是公司在这些产品背后的个性、宗旨，以及他们在你购买时和购买之后如何对待你。

这些元素都浸透着情感。

要激发人们的积极反应，你必须在信息中注入情感。广告人杰里米·布尔莫尔指出，合理的成分来自产品本身，比如性能、价格和发行。但情感成分来自沟通，比如广告、包装、语调、社交媒体对话。

你也可以让人们对那些不算积极的信息有所行动，只要它们能激起人们的情绪。叶卡捷琳堡是俄罗斯的大城市，街道上到处坑坑洼洼，凹坑大到几乎可以让一辆大众汽车陷进去出不来。市民经常抱怨路况。政客保证会把路修好，但从未兑现承诺，他们对这个问题不够在意。一家俄罗斯通信公司用了一个办法，就让政客们马上采取了行动。首先，这家公司找出了城市中三个最严重的凹坑。一天半夜，他们在凹坑周围画了三个政客的脸，凹坑正好在他们的嘴所在的位置。这些肖像画得十分完美。在每一张脸的旁边，他们都喷涂了一句这几个政客修复凹坑的承诺。例如，副市长曾表示将在4月底之前修复凹坑，但此时已经是7月了。第二天早上，这些画成了轰动一时的新闻。

每个人都在谈论这件事。有三百家媒体进行了报道，在社交媒体上此事被提及超过七千次，甚至传出了俄罗斯。猜猜发生了什么？第二天，那三个凹坑都修好了。事实是超过7.6千米的道路马上得到了修复。这个主意之所以奏效，是因为它让政客们感到了他们最痛恨的一点：羞辱。这是一个有效的杠杆，让政客们突然对一个他们一直忽视的问题产生了足够的重视，或者至少让他们关心自己的形象，然后开始解决问题。

一个简单却聪明的想法，促进了行为的改变。

当电影制片人布莱恩·格雷泽为《阿波罗13号》挑选演员，扮演现实存在的人物指挥官詹姆斯·洛弗尔时，他一开始没有选择汤姆·汉克斯，他觉得汉克斯看起来不像宇航员。但《阿波罗13号》有一个有趣的营销难题。如何让观众花钱去看一部他们已经知道结局的电影？于是格雷泽问自己，观众最想看到哪位演员获救？答案回到了起点：汤姆·汉克斯。这可能也是导演罗伯特·泽米吉斯几年后选择汉克斯出演电影《荒岛余生》的原因。有汉克斯领衔主演，人们就觉得自己也在冒险。他们已经开始关心主角了。

苹果公司让我们在乎，因为他们颠覆了整个行业，只为了给我们更多的用户利益；耐克让我们关心，因为他们鼓励我们做出重要的决定；米其林曾经也让我们关心，因为他们让我们意识到在我们的家人和道路之间，只有四小块橡胶；我的本地电工让我很关心，因为他愿意在周日早上来修理一些本应该等到周一才修的东西。

为什么这些都很重要？因为我愿意花更多的钱买苹果电脑；在所有条件相同的情况下，我更喜欢耐克跑鞋；我从不抱怨电工的账单；汤姆·汉克斯主演的电影总是吸引我的注意。所有这些决定都不涉及智力层面，纯粹是出于情感。这里提到的每一家公司和每一个人都在我心中激起了一种感觉。

还记得电视剧《星际迷航》吗？斯波克是个冷酷而理性的人。柯克船长则是个感情丰富的人。他们两个都是"进取"号星舰获得成功所必不可少的。但是谁在指挥呢？是柯克。情感是所有决策的基础。事实上，斯波克单调的逻辑凸显了他的不同，而柯克的同理心使他成为一个更好的使者，带领代表团去接触外太空深处的其他生命形式。《星际迷航》的创作者吉恩·罗登贝瑞明白这一点。他写的剧本虽然是科幻题材，实则是在评论社会热点问题。

他懂得讲故事的力量。

客户会为故事买单

学会讲故事

§

§

　　詹姆斯·韦伯·扬是我崇拜的广告大师之一。不仅因为在1912—1928年间，他为智威汤逊广告公司制作了极有效果的经典广告，还因为他是一位优秀的随笔作家。他仔细考量过自己的职业，对人的天性充满好奇。20世纪30年代，韦伯·扬成了芝加哥大学商学院的教授，任教期间，他收集整理了一系列自己的授课内容，汇编成《如何成为广告人》一书。到了战争时期，他又将自己的一系列日记汇集出版，书名很契合内容，叫作《广告人日记》。

　　此书堪称宝藏。

　　尽管写于20世纪40年代，但书中几乎所有的看法都极具洞察力，从未过时。那个年代的书只谈论如何诚信销售，如何理解人性的微妙之处，而不涉及有奖竞赛、企业吞并、广告公司的股价波动、创作者的虚荣心，纯粹是为分享广告行业的经验，因此，我对这些书爱不释手。

　　时光倒退到20世纪30年代，韦伯·扬正信步穿梭于中国西藏边境的街头集市。当他注视着商人售卖的各种各样的商品时，有一件物品忽然引起了他的注意。吸引他的正是色彩鲜艳、看起来奢华无比的手织床罩。售卖床罩的西藏小贩注意到了韦伯·扬对床罩的兴趣。他招手叫韦伯·扬过来，小心翼翼地将这精美无比的床罩搭在他的手臂上。韦伯·扬打量床罩，用手感受其复杂的设计，与此同时，小贩讲述了床罩的来历。床罩本是为一位印度公主的闺床特别制作，却被人偷走，从城堡中神秘消失了。不知怎么回事，这床罩辗转多年，流转数千英里，到了这里的街头集市。韦伯·扬喜欢这床罩，便付钱买下了。

明白这是怎么一回事吗？韦伯·扬付钱不是为了床罩本身，而是为了床罩背后的故事。

一百年前，广告圈已经意识到讲故事可以深深触动人的内心，其他任何广告技巧都无法达到这种效果。好故事不仅可以传达信息，而且可以戳中人的内心。安眠药之所以有效，30%是因为制药公司在研制阶段就生动而富有感情地讲述了此药的潜在效果，这些故事让人们相信此药的功效。广告圈一流的创意总监之一约翰·赫加蒂坚信：内心感知到的事情，大脑不久就会做出反应。信息先到达内心，才传入大脑。人总是喜欢寻求意义。

在组织机构和商学院中，逻辑总是高于情感，然而约翰·赫加蒂恰如其分地指出，情感才是品牌的真正价值所在。品牌的无形影响至关重要。在上一章中，我极力说服你相信，你需要让人们感知你想要传达的信息，而不仅仅是理解。我也可以反复讲述我的观点，但你不一定能领会，然而，我敢保证你会记住英国铁路公司的故事，是这个故事让营销课有了意义。

无论企业大小、员工多少，你的品牌必须与竞争对手有所区别。大脑对千篇一律的事物毫无兴趣，只对与众不同、不同寻常的事物产生兴趣。如果你见到我，你一定会这样描述我：身高不高，秃头,但相貌出众。你不会说我有两只胳膊、两条腿、一个鼻子。我们与众不同的地方才是记忆点。

你的客户有很多种选择。他们光顾营业场所的原因各不相同:位置近、价格便宜、可以免费停车,或是姐夫喜欢来这里。所以,如果你想塑造这些无形的优势,超过你的竞争对手,你就必须脱颖而出。你的品牌需要呈现出一个定义明确、完全令人信服的形象。

只要你为市场提供产品或服务,那你就建立了一个品牌。很多人不喜欢这个词,认为其包含贬义,是老生常谈或空话。但我很看重"品牌管理"。我坚信品牌管理是有意义的,而且我亲身经历过建立好的企业品牌有多么难。我研究品牌管理已经数十年了,见证了品牌管理成功,企业随之繁荣发展;也目睹了品牌管理失败,企业陷入苦苦挣扎。以为品牌管理很简单的商人并不明白其意义所在,忽视品牌管理的商人鲜有成功者,专注品牌管理的企业几乎总是行业中的领头羊。

我观察到很多企业,尤其是小企业,在创建品牌时有一个最大的问题,即宣传与实际不符。企业宣称友善,但你在实体店中却感到被漠视。企业塑造了价格公道的形象,但你到店购买时,却发现价格过高。官网与实体店风格不符;实体店与广告宣传不符;企业标志和名片内容不符。发给你的短信说:你的来电非常重要。但当你致电时,却很难打通。

我看重的众多营销哲学中,"烤肉串"理论位居首位。简单来说,一串烤肉由一片牛肉、一圈青椒、一片鸡肉、一圈黄椒、一片西红柿和一块蘑菇组成,所有这些东西都由一根串肉扦串起来。营销策略要借鉴这一理论。官网、名片、电台广告、印刷广告、社交媒体账号，所有这些宣传媒介应由一致的策略和论调"串"起来。换句话说，这些媒介应该让人感觉来自同一家公司。诀窍在于不同媒介上的宣传要保持相同的风格。要让客户感到你们的名片和公司标志风格一致；官网和报刊广告的风格一致；电台广告和视觉广告风格一致；推特网推文和官网帖子风格一致。潜在客户不会看到某个品牌所有的推广平台，他们只会将其中的一部分联系起来。人在大脑中创建品牌形象就像小鸟筑巢一样使用碎片和麦秆。这就是为什么你需要四处散播广告，但"串肉扦"是关键所在。强化"串肉扦"的最佳方式之一就是讲故事。什么是品牌，不就是故事吗？

在电视广告《1984》中，苹果公司就开始构建故事主线了。这则广告讲述了极具话题性的"我们对抗他们"的故事，也是苹果赋予个人权利的承诺。苹果所做的每一件事都是从企业夺取利益然后给予客户。想随身听千首歌曲？没问题，让我们为你颠覆贪得无厌的唱片公司。想用手机拍出逼真的照片？给我们一点时间为你颠覆照相产业。想在苹果手机之间免费传送文件？让我们为你绕过电话运营商。苹果创作的每一则广告都包含了这个故事的基因。再举一则苹果广为流传的电视广告："我是麦金塔电脑，我是个人电脑。"广告中一位书呆子（个人电脑）努力想和一位英俊时髦的小伙子（麦金塔电脑）一样酷。

土里土气的书呆子代表了微软公司的僵化落后，而酷帅的小伙子则彰显了苹果公司的与时俱进。书呆子总是落后于时代，其想法落伍、过时，他自己看起来也十分笨拙。酷帅的小伙子非常放松，总能想到更好的解决办法，才华横溢，而且对书呆子十分友好。出于关心和同情，他轻轻地将手臂搭在书呆子肩上，以此掩藏该广告有多么阴险。（观看 2007 年 D5 大会上史蒂夫·乔布斯和比尔·盖茨在视频网站 YouTube 上的对话：乔布斯告诉盖茨这则广告幽默有趣，看看盖茨的反应！）在另一幅宣传海报上，苹果展示了舞者随着音乐起舞的剪影；整幅海报唯一的颜色就是白色的耳机线从白色的多媒体播放器 iPod^① 中延伸出来。再一次，广告展示了强大的个人信息处理系统的魅力。两则不同的广告，相同的故事主线。

你的故事主线一定要源于企业的目标、核心使命、价值观及世界观。故事从创建者最初的迫切渴望一步步进展到发现一种更好的方式。如果你的公司迷失了方向，那么无论是什么原因，你都可以反向思考，重新发掘你的故事。深入挖掘，直到找到短小精悍的"电梯推销"故事。精简、提炼你开展业务的原因，然后将这些素材串在"串肉扦"上。

2008 年，奥巴马的总统竞选团队认为奥巴马的形象应该呈现可变性，这样，这个"品牌"才能吸引各种各样的选民。为达目的，他们在每个选区创作了略有差异的标语。每个标语都是根据一致的主题"希望"稍做改变而来。"希望"这根"串肉扦"始终不变。

20 世纪上半叶，施坦威钢琴刊登了一系列精美的印刷广告。每一则广告以不同的古典作曲家为主，讲述其为什么选择施坦威钢琴。广告的标题都是："不朽的乐器。"有一天，一位男士走进位于纽约西五十七街的施坦威钢琴门店，表示想购买一架施坦威钢琴。那天，店里恰好有一位来自为施坦威钢琴做广告的公司的职员，无意中听到了该男子的要求。他向男子做了自我介绍，然后说："我可以问你

---

① 苹果音乐播放器。——译者注

一个问题吗？是什么说服你购买施坦威钢琴？"男子想了一下，回答："是广告！"这让那位广告人激动不已，他继续问："哪一个广告特别打动你呢？"男子说道："其实是二十五年前我看到的一个广告。只是二十五年后，我才买得起一架施坦威钢琴。"

我喜欢这个故事是因为其展示了营销的两个重要方面：第一，故事激发欲望；第二，令人信服的故事能够对人产生长期的影响。

几年前，我正在为电影剧本做调研。剧本是关于警察办案的。作为调研的一部分，我想花点时间问验尸官一些问题，了解其如何寻找案件线索。凑巧的是，我的一位邻居正好是凶杀案侦探，因此我问他是否能找到关系安排我和多伦多太平间的某位验尸官交流交流。他答应了，我去验尸官办公室的那一天，一位年长的有经验的验尸官热情地接待了我。

他从验尸官如何开展工作给我讲起。他们的思考过程是怎样的？他们如何观察犯罪现场？几分钟后，他向我展示了几张真实的犯罪现场照片，让我推测照片透露了哪些线索。我审视着这些照片，然后说："我认为事情是这样发生的……"他说我的猜测是错的。然后，他以验尸官看问题的角度重新带我梳理了这些犯罪现场的照片。这很过瘾。之后，他问我是否有兴趣观看一段真实的尸体解剖录像。

我说："好吧。"

他放起了录像，画面中的台子上躺了一位中年男子。看着尸体解剖过程的进行，我很惊讶自己对整个过程几乎无感。验尸官把尸体解剖的全部流程都展示了一遍，我就坐在那儿，一动不动。整个过程我表现得相当冷静，这是我能用到的最好的描述这个过程的词。

接下来发生的事让情况有了改变。这位验尸官开始给我讲述台子上那名男子的故事。该男子四十一岁，已婚，有两个孩子。他在建筑工地工作，负责挖洞，因为地面突然塌陷，窒息而死。这个时候，尸体解剖开始分散我的注意力。我不得不停止观看屏幕，开始关心台子上躺着的男子。尽管我不认识他，验尸官给我讲的故事却让这名男子对我有了意义。虽然我只知道一丁点他生活的细节，但这些细节对我产生了影响。

这就是讲故事的力量。像施坦威钢琴的广告一样，故事可以在耳边回响多年，或者几秒就戳中你的内心。

通过《影响之下》节目的故事主线，你可以了解广告业的工作模式。我一直在广告业中工作，我们制作的每一个视频，说的每一句话，写的每一篇官网帖子，都坚持讲故事。这个节目表面上和广告业相关，实际上是通过广告业反映生活。广告是关于人性的研究。换句话说，广告中的故事源于生活。

牢记以上要点，那么在营销中，你就有很多讲故事的方法。你可以像施坦威钢琴一样，创作一系列连续的故事；或者像耐克一样，只要主线不变，每次讲述完全不同的故事；或者像苹果公司一样，用不同的方式讲述同一个故事。讲故事的好处在于这是广告宣传中企业最实惠的技巧之一。好故事深深扎根于你的业务之中。换句话说，你可以从企业业务中挖掘好的故事，而不用付钱请他人凭空捏造企业业务以外的故事。这一点至关重要。最好的营销就是真实、真正、有机的营销。所谓讲故事，不是说要编故事。我的意思是要传播早已存在的故事，为讲故事不断探究企业的基因。

每一个产品，或者生产该产品的企业，都有一段有趣的历史，或令人着迷的理论，或对客户需求的独到见解，这些都可以作为故事素材。如果你将享受的时光用来挖掘你的"电梯推销"，那么你就会发现很多这样的故事。企业为什么成立？产品在哪方面比竞争对手做得好？企业如何发展？你最好的服务客户的经历是什么？企业解决了哪些最棘手的问题？

讲讲这些故事，我们都想知道。

这些故事可以长时间滋养广告和营销创意的根基，所以非常重要。耐克"JUST DO IT"的故事主线已经作为杰出广告语发展了近三十年，为耐克牢牢地保持住了市场份额。故事还能产生另一个非常重要的效果。

故事附加价值，价值创造差别，差别创造利润。

"价值"是人们在产品的基本功能之外附加的引申意义。如果引申意义能激起客户的想象力，那么客户就不会在意产品的价格，但如果客户不在意价值，那么价格就是一切。如果你直接把信息推到人们面前，而不是通过讲故事创造价值，那么你的产品就只是一件商品，这是最糟糕的营销方式。

一旦客户对产品或公司产生了"感知"，就会调动其他方面促成最终决定。这种"感知"可以对客户晓之以理，动之以情。正像我们看到罗布·沃克在易贝网上的试验一样，故事激发欲望。纽约高薪创意总监詹姆斯·韦伯·扬本该对床罩的故事无感，却依然毫不犹豫地掏钱买下床罩。后来他说，故事不仅在他购买时让他感到快乐，而且多年之后，当他向家中客人复述该故事时，也让他感到快乐。

这就是讲故事的力量。

数百万人都会为苹果产品支付价值附加费。那天在施坦威钢琴门店，那位男士本可以在街道另一头买下一架更便宜的钢琴，或是多年前就买下一架更小的钢琴，但是多年来，他都牢牢惦记着施坦威在精美广告中所讲述的故事。讲故事就像一把瑞士军刀，有许多不同的功能，你可以依据要完成的任务选择使用方法。

在 20 世纪 70 年代早期，本田汽车正是符合当时市场需求的产品，广受欢迎。那时石油输出国组织的石油危机正处于顶峰，燃油价格飞涨。车身小巧、节能省油、价格适中的本田汽车出现了，其销量一度暴涨。一举成功后，本田公司决定利用当下的优势，发布新的摩托系列产品。本田将摩托的销售交给经销商，自己则坐等数钱。然而，没人来买摩托。很显然出了差错，但是本田自己也不知道问题在哪儿。

因此，就像所有聪明的营销者那样，本田的团队开始研究问题所在。他们组织了一系列由摩托车主组成的焦点小组，希望能彻底解决问题。每一次，他们都在房间前部停一辆崭新闪亮的本田摩托，接着开始提问。一开始，他们会问小组成员是否喜欢摩托的设计。小组成员便起身，仔细观察摩托的每一个部位，还坐上去体验，最后纷纷说："这是一辆不错的摩托。"接下来，本田的工作人员会给小组一张性能统计表格，以此证明这辆摩托能快速从零加速到每小时六十英里，并说明它的刹车距离、油耗等各方面性能。小组成员也一致表示，这辆摩托让他们印象深刻。然后，本田公布了摩托的价格。小组成员依旧一致认为，就这款摩托来说，这个价格很合理。然后，本田的工作人员说：现在你们已经对这辆摩托有了进一步的了解，你们会买吗？小组成员一致表示：绝对不会。

本田被难住了。如果人们喜欢你产品的设计、性能，甚至认为定价也是合理的，却并不想购买，你要怎么办？

正巧，焦点小组里有一位非常聪明的主持人。她问道："如果不考虑价格，你们会买什么品牌的摩托车？"小组成员的答案很明确："川崎。"接下来，她又问了一个反常的问题。她说："如果把川崎摩托想象成一位名人，你们认为会是谁？"（请记住当时是20世纪70年代早期。）小组成员答道："克林特·伊斯特伍德。"

主持人接着问道："如果把本田摩托想象成一位名人，你们认为会是谁？"小组成员答道："朗·霍华德，在《欢乐时光》里饰演过里奇·卡宁汉。"

这个回答终于拨开了迷雾。本田立刻就找到了问题核心。摩托车主认为本田摩托不够硬派。换句话说，不够酷。本田明白了摩托本身并没有任何问题，连一个螺栓都不需要改动。问题在于摩托带给大众的心理认知。

因为问对了问题，本田公司立马就得到了有用的答案。现在，他们清楚地知道应该采取什么营销策略：为客户讲一个新的故事。本田摩托其实很硬派，但他们在广告中从未强调这一点。

进一步的研究表明，人们对于20世纪60年代本田的小型摩托还有残存的印象，这影响了如今本田摩托展现给公众的形象。而本田一旦着手为摩托的硬派形象打造故事，添加"酷"的元素，销量就开始猛增。

讲故事还能创造未来。谷歌创新实验室为还不存在的产品创作了优美的记录视频和产品展示视频。通常，这些视频和短片会启发谷歌的工程师，让他们对潜在产品的外观和触感萌生灵感。工程师们多次受到启发，全力打造来自"故事"中的产品。

讲故事也有助于获得无形效益，例如人们的信任感与信心，这是看不见摸不着的产品特点。信任感与信心在商业中非常重要，而对服务业来说，重要程度只会加倍。但我一直坚信的是，绝对不要大声讲出来的一句话是"相信我"。一旦某人说了这句话，下一秒出现在你脑中的第一句话就是："在你说'相信我'之前，我一直都是相信你的。"肥皂剧中经常出现这句话是有原因的。当你在剧中听到演员说："相信我，达芙妮。"你就知道这意味着什么了，这意味着："我将会毒死你，然后和你的姐姐或妹妹结婚。"

因此，与其说"相信我"，不如讲一个关于信任的故事。给我们讲一讲你的公司如何展现自信的故事。我们能够清晰理解你想表达的内容。讲一个充满力量的好故事，就能点燃客户心中的信任感，根本用不着说出那句"相信我"。信任本就该是被感受到的，而非被宣布的。正如卓越、优质和可靠一样，这些称赞都不应是自我指涉的。另一方面，讲故事能帮助品牌销售这些无形的特点。

今时今日，非常有趣的一点是，当我们在易贝网上买东西、在爱彼迎租民宿，乃至用优步打车时，我们都对毫不相识的陌生人非常信任；但我们对缅因街上的公司心存疑虑。这也许是因为共享经济靠的是每天实时的反馈和透明的评分吧。企业名声就是一切。在过去砖头与水泥的年代，企业名声也重要，但名声从不依赖于每分每秒的公众监督。在互联网时代，营销方案必须维护企业带给客户的信任感。

巧妙的营销方案就像一本有许多章节的书。它有一条连贯的主线（串肉扦）和一个引人入胜的创意情节（电梯推销）。每一章节都有特定的任务（营销策略），写作中融入了情感（品牌印象），每一章节都让读者更加接近剧情高潮（营销目标）。在本田的案例中，书的其中一章必须卖力宣传本田摩托"酷"的特点。这一章节的风格应当契合全书，但同时聚焦于一个特定的主题。本章的作用是让客户离购买商品又进一步，正如一部优秀电影里的所有场景都是为推动情节服务的。上述论述凸显了我经常说的一个观点。如果你的品牌拥有清晰的故事线，那么加进一个全新的、必需的章节是很容易的。詹姆斯·韦伯·扬曾观察到，产品通常不太会改变，但市场是高度动态的系统。这意味着当市场出现一个预料之外的阻碍或机遇时，营销人员会被迫做出反应。因此，你必须在坚守诚信的同时保持机敏。

巧妙地讲故事还有一个目标：除了创作一系列广告，还要创造一整个世界。现在请想想苹果公司，它通过讲故事和视觉美感，让人们仿佛走进了一个宇宙。苹果商店、线下门店雇员、苹果产品、苹果的商业广告、海报，还有苹果的官网，整个体验完整且有真实感。上次我在苹果门店购物时，店员向我展示了如何下载苹果商店应用，通过这一应用，我无须和店里的任何人讲话便能完成支付。我只用拿起要买的商品，通过应用付款，然后走出商店就行了。这感觉有点奇怪、不对劲，一方面我担心商店的安保人员会在商场中间把我拦下来，但苹果总是告诉我们："我们相信你。"这是苹果创造的宇宙的一部分。

可口可乐创造了一个世界，耐克也创造了一个世界。基于创始人对在阿岗昆公园露营的热爱，零售品牌鲁茨同样开创了属于自己的世界。然而在我看来，微软却没有做到，你可能对此感到惊讶。尽管微软是世界上最具价值的公司之一，但我没有看到一个可识别和可进入的"微软宇宙"，这是规则的一个例外之处。（有些公司不靠营销就能获得成功，唯一的前提是他们的产品非常卓越。）

北美主流的汽车公司里，没有一家公司为客户创造了具有沉浸感的世界，但想想大众汽车在20世纪60年代开创的那个世界。他们的基调如此独特，自嘲的幽默和广告内容又是如此风格一致。鉴于大众生产的汽车车身小又乏善可陈，这样的成绩可称卓越。如果你去研究60年代大众的印刷广告，你就会发现这些广告都有一致的故事主线索：风格幽默、极其诚实，这很让人意外。当你买了一辆大众甲壳虫，你就踏进了一个幽默又可靠的世界。（令人心碎的是，大众公司出现丑闻之后，这个宇宙已经爆炸了。）

讲故事还能创造社群，而大众车主就是最棒的社群。大众汽车车身小、价格低、外观丑、速度还慢。人们有什么理由爱它呢？然而，恒美广告公司为大众制作的广告，通过故事讲述了大众汽车谦逊、值得信赖的品质，从而吸引了数百万人爱上这种营销透露出的赤裸的诚实感。恒美这一步惊险的营销策略利用了车辆已为人知的缺点。

试想一下，大众刚进入美国市场时面临着多么大的挑战：这些汽车产自德国，外观古怪，最初由希特勒站台，小巧的车身明显"反底特律传统"，并且还试图在"二战"后的美国找到自己的市场！尽管如此，大众汽车收获的却不仅仅是数百万人的喜爱，而是他们的热爱。

当迪士尼为电影《万能金龟车》选择作为主角的汽车时，大众的甲壳虫汽车受到了青睐，因为它是唯一可爱到让审查小组都想上去轻拍抚摸的汽车。甲壳虫汽车深受大众喜爱，以至于"打虫子"游戏开始流行起来——每当人们在高速路上看见一辆甲壳虫，他们就捶打彼此的肩膀。没人会对漫步者汽车玩这种游戏。到1967年，美国的进口汽车销售总量达到七十万辆，其中四十三万辆都是大众汽车。大众的销量超过了其他所有进口汽车的销量之和，同时也超过了许多美国品牌汽车的销量，仅次于雪佛兰英帕拉、福特野马和普利茅斯。

大众凭借其智慧和幽默，得以在与三大巨头的激烈竞争中存活下去。正如西蒙·斯涅克定会认同的那样，大众之所以成为知名品牌，并不是靠销售它制造的汽车，而是靠销售它所代表的价值观。我需指出的是，恒美广告公司并没有让大众汽车的设计改变分毫，合作的对象也和上一任广告公司一样——都是大众营销部，但恒美成功地让日渐式微的大众变成了知名品牌。

恒美做到了，通过讲故事做到了。

我最喜欢的大众的电视广告之一，展现了这样的场景：在一个暴雪天，车前灯亮起，刺破雪夜的黑暗，一辆孤零零的大众汽车点火启动。这辆甲壳虫汽车开始在雪中缓慢前行，它是黎明前黑夜中唯一的一辆汽车。当车开到一个大仓库前，画外音响起："你是否好奇过，一个开扫雪车的司机，是开着什么车到扫雪车前的？这位司机选择了大众，现在你可以不用好奇了。"我们看到一辆扫雪车发动，开出车库，开过停着的大众甲壳虫，开始扫雪。如此简单，如此有说服力，如此契合大众的故事主线：低调、可靠。

大众的印刷广告标题中有"想想还是小的好"和"废品"（汽

车行业中最神奇的词），但是标题下讲述的故事是高标准的。在那个广告中，"废品"指的是一辆大众的镀铬手套箱上有一个瑕疵，对售卖来说这是不合格的。另外一个印刷广告的标题是这样的："要检测这么'多'的大众汽车，需要这么多的人手。"照片上有一千多名穿着白色外套的检测员，却只有一辆大众汽车。接下来的内容是这么开头的：

阻挡在你和一辆崭新大众汽车之间的，只有两样东西：

1799 美元。

还有 1104 位检测员。

前者是你需要解决的问题。

而确保每一辆离开大众工厂的汽车质量合格，都需要 1104 位检测员，这一点交给我们就好。

接下来广告继续介绍，大众汽车的每个零件都要经过三次检测，所以在被送到你手上之前，它已经被检测了 1.6 万次；此外，大众工厂的生产线，平均每天可产出 225 辆甲壳虫汽车。

营销策略专家凯文·凯利认为，伟大的品牌会将观点无形地强加给人们。如果你将所有的客户触点都漂亮地用串肉扦串起来，如果你的业务中每个元素都让人惊奇，但依然让人觉得这些元素源于同一个核心，那么你就是在将观点无形地强加于客户。你创造了属于自己的宇宙。实现了这一点，你的品牌就难以让人忽视。大众就是这样的品牌。

就和书中的故事线索一样，营销中的故事线索也不能太直接。

布鲁斯·斯普林斯汀在接受《滚石》杂志的采访时，很好地概括了这个概念。他说："我一直铭记于心的是，我和我的听众在进行一场终身的对话，而我试图跟上这场对话。"外表或给人的感受要保持一致，这十分重要，讲故事也是如此。你要记得曾经讲过的故事，因为听众非常善于发现漏洞和矛盾之处。这也是为什么情景喜剧和肥皂剧会创造属于这类作品的"圣经"。他们对人物间的细微差别和不同的剧情节奏进行分类。因此，如果在某一集里，兰斯提到，八年前他曾是飞行员，那他在后来的剧情里就不应该害怕飞行。链条里的每一环都不能出错。营销也是如此。

所以问问你自己：如果你的品牌故事是一本书，你会读吗？此外，不是只有在广告中才可以讲故事。会议、午餐、发布会中都可以讲故事。你只需找到最好的机会，把故事讲出来。

VI

找到新机会

你最大的机会点是什么？

§

§

　　早在 1996 年，宝洁公司就发明了一种喷雾，可以消除难闻的气味。这款喷雾无色无味，能够消除任何气味。刺鼻的味道被喷雾的分子吸收，水雾消散时，异味便消失了。这是一项重大突破。只需要弄清楚如何推广这款喷雾，宝洁公司就可获利数十亿美元。

　　宝洁团队将这款新型喷雾命名为"风倍清"（英文名 Febreze，由单词 fabric 和 breeze 组合而成），并决定挑选几个城市免费发放样品，观察人们如何使用，并根据结果开展营销活动。活动如期举行，结果却不尽如人意。风倍清的销量一开始很少，后来越来越少。

　　眼看产品就要失败。

　　宝洁决定展开进一步研究。一天，研究团队拜访了一位养了九只猫的女士。实际上，在进屋之前，他们就闻到了猫的异味。当他们走进猫所居住的客厅时，味道太浓，一位研究人员甚至吐了出来。"你怎么去除猫的异味？"他们问那位女士。

　　"什么猫的异味？"她回答道。

　　同样的场景在数十个臭气熏天的房屋中多次上演。突然，宝洁意识到了营销的问题所在。最需要风倍清的人对此茫然不知。每天与异味打交道，人们便对这种异味不再敏感。这就是风倍清卖不出去的原因。

因此，宝洁做了一个重大决定：为风倍清添加一种气味。如今，这款开发用来消除异味的喷雾变成了散发怡人芳香的喷雾。宝洁开始意识到：大多数人并不想要无味。从另一方面来说，大部分人在日常清洁后，更希望闻起来有香味。宝洁意识到了最大的机会点：赚钱的机会不在清洁工作开始前，而是在完成之后。使用风倍清几乎成了一种享受。它的目的不是去除异味，而是要在清洁工作完成后留下怡人的芳香。随着营销重点的改变，风倍清的销量在两个月内翻了一番。一年不到，销售额就达到了 2.3 亿美元。如今，风倍清及其衍生品每年为宝洁创收十多亿美元。

宝洁的经验颇具趣味。除非你找到最大的机会点，否则你不仅会浪费金钱，效果还会大打折扣。我与预算有限的营销人员交流时，注意到一个问题：他们企图以少博多。大多数人会识别出多种营销需求或机会，然后制定相应的广告或营销策略。最重要的问题是策略虽多但都浅尝辄止。没有一个需求得到应有的重视；没有一个市场获得合理的广告预算。我总是建议他们：深入挖掘市场需求，维护固定的小规模客户群。

我们来看一个案例。几年前，安大略省葡萄酒理事会来到我的公司，表示希望提升其 VQA 认证葡萄酒的销量。VQA 是酒商质量联盟英文名称的缩写。VQA 葡萄酒是由独立机构认证的 100% 由安大略省原产的新鲜葡萄酿制而成的葡萄酒。

此外，VQA 葡萄酒必须由独立专家小组进行原产地验证，开展广泛的实验室测试和品评，而且酿酒师必须遵守严格的酿酒标准。换句话说，拥有 VQA 标志的葡萄酒是安大略地区最好的葡萄酒。

安大略省葡萄酒理事会希望提升这类葡萄酒的销量。我们询问其计划如何推广，他们的答案是吸引新客户。

我们坐在那里听取了营销要求，并在接下来的会议上，了解了葡萄酒的酿造方式、产区和风土、土壤条件、酿造过程以及 VQA 的严格标准，我们发现：这些知识在三十秒和六十秒的广告中，很难介绍清楚。很明显，新客户需要掌握有关 VQA 葡萄酒的新知识，才会有意愿购买该品类的葡萄酒。然而，正如我们所想，营销不是教学。深入地讲好一个故事需要一个关键要素：时间。

在一则信息中，讲述有层次的故事需要花费时间，而展开该故事则需要花费数年的时间。这也意味着广告费用是巨额的。获取新客户需要从零开始，这也是最昂贵的营销形式。我们坐在那里思考，想知道是否会有更好的机会点。因此，我们问安大略省葡萄酒理事会，如果现在购买 VQA 葡萄酒的客户每年再购买一瓶，那销量如何？其团队成员表示，销量会大增。这个时候，我们就说，好了，这就是我们的策略。我们希望说服现有的 VQA 粉丝今年再购买一瓶 VQA 葡萄酒。这必然可以实现，毕竟我们不是要客户每周或每月多买一瓶，而是要他们每年多买一瓶。

当时的研究表明，常喝这种葡萄酒的客户不愿带这种酒参加聚会。换句话说，他们很乐意在家中私下享用 VQA 葡萄酒，但参加聚会时，则默认携带加利福尼亚或意大利葡萄酒。原因很有意思：他们认为会有人评头论足。没有人会质疑加利福尼亚或意大利葡萄酒。但是，当你将 VQA 葡萄酒放在桌上时，别人就会感到惊讶。这就是我们的任务所在：说服现有的 VQA 葡萄酒爱好者，在今年参加派对时，带上一瓶 VQA 葡萄酒。

　　做到这一点的方法是给他们讲故事。所有的 VQA 葡萄酒背后都有精彩的酿酒故事：大环境、小气候、葡萄树根如何扎根土壤以及土壤环境差异对葡萄酒味道的影响。每位酿酒商都有自己有趣而独特的酿酒方法。

　　我们针对现有的 VQA 葡萄酒客户创作了一则广告。我们假设其对 VQA 葡萄酒有所了解，因此，我们的出发点是讲一些特定葡萄品种如何种植以及如何酿造葡萄酒的故事。我们希望向粉丝提供具有说服力的故事，这样，在聚会中，当他们喝下一瓶 VQA 葡萄酒，有人表示惊讶时，他们可以自信地说："别急，让我给你讲讲这瓶葡萄酒背后的故事……"通过讲故事，我们为客户提供了"许可证"，让他们可以每年至少再购买一瓶用于社交场合的 VQA 葡萄酒，而不是只在自家餐桌上享用该葡萄酒。

　　这项策略的关键是瞄准现有粉丝。换句话说，我们要维护老客户，而不是拉拢新客户。我们已经知道该客户群喜欢购买 VQA 葡萄酒，要做的就是说服他们与朋友分享这种喜爱。这是安大略省葡萄酒理事会最大的机会点。在营销预算有限的情况下，我们可以专注于现有的客户群，而不是新的不知情的客户群。这种差异至关重要，能够让我们事半功倍。安大略省葡萄酒理事会本可以拉拢新客户。事实上，大多数企业都选择将所有资源用于吸引源源不断的新客户。然而，这并不总是最大的机会点，投资回报率可能隐藏在另一目标群体中。

　　这就是制订营销计划时必须进行假设分析游戏的原因。这是我们在海盗电台中最喜欢的创意启发游戏。基本上，我们会大胆进行设想，探索方向。要是在每个门口都放一瓶 VQA 葡萄酒，会怎么样呢？要是我们告诉现有 VQA 葡萄酒的客户不要听我们的广告，会怎么样呢？要是我们可以举办一场指定 VQA 葡萄酒的派对，会怎么样呢？要是我们说服现有的 VQA 葡萄酒的粉丝每月再购买一瓶，会怎么样呢？或者要是每年只多买一瓶，会怎么样呢？假设游戏没有规则，我们需要自由地去探索所有可能的选择，甚至是那些看起来荒谬、不切实际的选择。通过问"要是……会怎么样呢"，你将开启寻找新的解决方案的途径，通过扩大搜索范围，打破传统思维，你可能会发现一个隐藏的解决方案，这将对业务产生巨大影响。询问最大的机会点是什么听起来很简单。但是，以我的经验来看，营销问题的解决方案几乎都来之不易。当你跳出现状，你才会实现最大的飞跃，而这需要你问更多的问题并想出周全的答案。问"要是……会怎么样呢"可以助你实现这一飞跃。

1980 年，纽约陷入了困境。这座城市破败不堪，垃圾遍地，罪犯横行。即使在白天你也不会踏入时代广场，更不用说夜晚了。这座城市处在最衰败的时期。我要强调一下，没有一个人想去纽约度假，其旅游业处于历史最低谷。

纽约迫切希望重塑自己的品牌。因此，同所有精明的营销人员在开展大规模宣传活动前所做的一样，纽约展开了调查。该市的营销团队将潜在游客聚集到焦点小组中，询问他们是否有意愿到纽约旅游，小组成员的回答都是：没有。这恰好证实了纽约存在的问题。他们开始询问人们有关纽约的方方面面：餐饮、购物、酒店、景点、安全度、消费水平。几乎所有的问题，人们都给了负面的回答。

但是，当被问及是否要参观百老汇时，游客的态度发生了巨大的变化。他们钟爱百老汇的演出，对这些演出非常满意。因此，营销人员从焦点小组得到的收获是：他们讨厌纽约但钟爱百老汇。一遍又一遍，所有的研究结果都显示人们对百老汇有相同的看法。正如所有优秀的营销人员所知道的那样，发现重要营销真相的迹象之一是随后的研究不断指向同一事实。而且，这项研究还发现了另一个显而易见的事实：要参观百老汇就必须去纽约。

因此，纽约的广告商围绕这一发现开展了一场广告活动。他们自问，要是我们以百老汇为卖点，而不是以纽约为卖点会怎么样呢？第一则商业广告应运而生，广告聚齐了当时最受欢迎的百老汇节目中的所有演员，并演唱了吸引人的《我爱纽约！》。画外音介绍了百老汇表演之旅套餐。

关于这则广告活动有很多介绍，但我把它写在这里是为了强调一点：这是关于发现你最大机会点的故事。如果昨天我问你，《我爱纽约！》这场活动是关于什么的，你会说："当然是纽约，特里。"但实际上不是关于纽约的，不是吗？

是关于百老汇的。研究表明，纽约可以利用百老汇来吸引人们返回纽约。

《我爱纽约！》就是研究结果所不断指向的串肉扦。同样，你最大的机会点也不是轻易就能找到的。它总是藏于细微之处，需要付出巨大努力去挖掘才能发现。纽约的营销团队必须问几十个问题，演绎大型的假设分析游戏，才能发现百老汇是拯救纽约的关键。为什么人们对百老汇有如此强烈的反响？因为百老汇会讲故事——讲述有关人的精神、挑战和救赎的故事。

这就是讲故事的力量。

《我爱纽约！》不仅是对外吹响的战斗号角，而且也成了纽约内部的集结号。因为它说服纽约人再次以自己的城市为傲。一旦纽约人开始重新找到自信，再加上游客日渐增长的兴趣，纽约在这场战斗中就不会输。这场广告活动改变了人们认为纽约不适合旅游的刻板印象。甚至在"9·11"事件后，纽约重蹈覆辙，没有一个人愿意去纽约，要怎么办呢？纽约又再次回归到其最大的机会点，在时代广场中央，他们播放了一则广告，百老汇所有演员共唱《我爱纽约！》。广告的最后一句话非常重要。广受喜爱的演员内森·连恩说："让我们继续表演吧……"百老汇所有演员齐聚纽约时代广场，唱出自己的心声，这是纽约证明自己在正常运转的方式，没有人能够打破。

到现在，《我爱纽约！》的广告已经运行了三十多年，效果非凡。这更让我坚信，优秀的营销见解可以长时间地为广告搭建平台。1980年，没有人愿意造访纽约。而在2016年，有5430万人去过纽约，创造了新纪录。通过寻求最大的机会点——人们对百老汇的热爱，纽约开始重新找回自己的地位。

当你开始考虑寻找最大的机会点时，你需要将针对特定类型的客户，找准信息传达的良机或调整使用的媒体纳入考虑范畴。机会点甚至可能取决于你选择分销产品的方式。

20世纪70年代，《人物》首次刊发时，发行部希望找到一种独特的发行方式。杂志架上堆满了杂志，类别杂乱无章。《人物》需要找到其最大的机会点。编辑清楚女性是这类杂志的目标群体。于是，他们自问：女人最常去哪里购物？答案是杂货店。因此，《人物》的员工对杂货店业务进行了研究。他们发现西红柿是杂货店的理想之选。西红柿有十一天的保质期，必须尽快卖出去，优质杂货店钟爱这类物品。顺着这种思路，他们确定了《人物》是一本周刊，"保质期"只有七天，比西红柿还短。

之后，发行部在温迪克西连锁超市进行了为期一周的实验：将《人物》杂志放在收银台上，观察会发生什么。在那个年代，杂志并不是超市的日常供应物品，更不会有人把杂志放在收银台上。一周后，《人物》全部售罄，第二周，温迪克西连锁超市订了两倍量的杂志。接下来，《人物》开始创造历史。其他出版物，如小报和电视指南，见证了这种成功，也坚持要摆放在收银台的位置。

《人物》的成功不仅取决于名人和平民独特的编辑组合，而且很大程度上取决于其对最大机会点的利用。如果不是杂货店策略，它可能会淹没在小商店堆积如山的杂志中，而且最终会像许多杂志一样停止发行。但是通过推动独特的分销模式，《人物》蓬勃发展。四十年后，如果在杂货店购物，你仍然会在收银台上看到其他小报和《人物》。

有时，你可以在最古老的媒体中找到最大的机会点。哥伦比亚的绑架率一直居高不下。据估计，到 2000 年为止，在南美国家有3752 人被绑架。在过去的十年中，其他国家的绑架率急剧下降，但哥伦比亚仍然是世界上绑架率最高的国家之一。被绑人群中包含数百名失踪的警察和军事人员。哥伦比亚政府想找出一种与被绑士兵进行沟通的方式，目的是提高他们的士气，告诉他们不要灰心，并向士兵保证政府正在寻找他们，他们选择了一种非同一般的信息传达方式。

绑架者经常在丛林的营地中听收音机。收音机装上电池就可以用，能够收到远处的信号，这不仅可以打发时间，而且可以让他们了解突发新闻。知道了这一点，政府想出了一种方法：在绑架者不知情的情况下，通过收音机与被绑士兵交流。他们在歌曲中加入了隐藏代码。

首先，一首名为《美好的明天》的当代歌曲写成，歌词大意是：即使你感到被遗忘和孤独，美好的日子也将到来，我们很快就会再次见面。虽然以现代的方式演奏，曲调动人，歌词振奋人心，但仅这三个要素不会引起被绑士兵的注意。但添加到歌曲中的莫尔斯电码可以达到这种效果。

所有军事人员都经过培训，知道如何破译莫尔斯电码。因此，政府以莫尔斯电码编写了一条消息："已经有九人获救，下一个就是你，不要失去希望。"然后，他们将莫尔斯电码重组为歌曲中的音乐元素。未经培训的人听起来，莫尔斯电码就像打击乐器的一部分，然而，在歌词传递出一种信息的同时，莫尔斯电码传达出了真正的信息。

这个解决方案卓有成效。十年来，哥伦比亚军方首次突破敌人的防线，向被绑士兵传递了信心和希望。通过利用最大的机会点——收音机，军方做到了这一点。他们利用了媒体的超强可移动性（在多种环境下都能运行的性能），并尝试在其中加入了 21 世纪的思想。

有时，你最大的机会点还与天气有关。西尔斯在其汽车配件部门发现了一个规律：气温连续三个晚上低于零摄氏度后，使用超过五年的汽车的电池往往会没电。因此，它在气温低于零摄氏度后的第四天开始投放广告。电池销量猛增。通过天气预报，西尔斯可以有计划地投入资金，吸引人们大量购买电池，甚至可以预测销量，而不必在整个漫长的冬季里都投入资金却收效甚微。

例如，通过与天气频道合作，潘婷美发产品"购买"了"湿度"这个关键词。因此，当女性用户在智能手机上打开天气频道应用程序并看到湿度警告时，她们还会看到解决头发毛糙问题的产品广告。相反，在低湿度的地方，头发可能扁塌，潘婷就会在该应用上宣传能够使头发蓬松的产品。潘婷还使用位置数据提供附近商店的优惠信息及位置，从而为女性用户提供实时的产品信息、省钱的优惠券以及前往最近商店的路线。所有这些都源于一个巨大的机会点。

在 20 世纪，营销人员仅仅将天气视为四季，再制定相应的决策。但在 21 世纪，天气可以带来更多的机会。通过预测技术，天气频道帮助迈克尔斯手工艺品商店增加了收入。按照惯例，下雨天很多人会待在室内，因此迈克尔斯在雨天会增加广告投放。但是，天气频道说服迈克尔斯不要在下雨当天而要在下雨前三天投放广告。迈克尔斯的销量迅速得以提升。

雨水和冷风迫使人们待在室内，因此精明的零售商会在恶劣天气之前发布营销信息，以说服人们使用节日代金券在线购物。购买的商品通常会超出代金券金额，因此商家仅通过抓住这一机会就能实现两次创收。

由恶劣天气引起的负面情绪有时会使消费者对负面消息做出更积极的回应。在天气阴暗的时候，牙线制造商告诉客户要使用牙线，否则他们可能会患上牙龈炎，而不是使用牙线能让他们笑得更好看。这让牙线的销量猛增。即使夏天多雨使烧烤无法进行，也有其他的机会：因为在潮湿的天气里草生长得更快，因此割草机和修草机的销量得以提升。

那不勒斯旋转比萨连锁店提出了为其客户提供"恶劣天气优惠

券"的想法：只能在天气不好的时候使用该优惠。这不仅带动了雨天期间的销量，而且在天气好的时候，顾客也纷至沓来。

国际气象趋势是另一家帮助营销人员通过天气获利的公司。其发布了一个有趣的清单，名为"一摄氏度的利润"，列出了温度仅变化一摄氏度会对销售有何影响。

例如，在秋冬季降温一摄氏度，汤类食品的销量将增长 2%。秋季降温一摄氏度，儿童服装销量将增长 4%，捕鼠器销量增长 25%。

在夏季，气温上升一摄氏度时，啤酒和软饮料的销量将增长 1.2%。同时防晒产品的销量也会增加 10%，空调则增加 24%。

对零售商来说，最大的机会点就是天气，制定天气策略可以带来丰厚的回报。在英国，连锁超市塞恩斯伯里每天都进行战略性天气预报会议，因此可以提前至少八到十天对营销进行规划。他们知道，一旦出现霜冻来临的迹象，人们对鸟食、牛奶和花椰菜（用于熬汤）的需求就会增加。当天气预报说早春的气温会升高几摄氏度时，塞恩斯伯里就知道两种截然不同的产品销量将激增：脱毛产品的销量将增加 1400%，因为女性决定裸露双腿；烧烤产品的销量将增长 200%。

在苏格兰，天气升至二十摄氏度时，烧烤产品的销量会大幅提升至原来的三倍。但是在伦敦，温度必须升到二十四摄氏度才能出现同样程度的增长。有趣的是，英国的超市发现，相比多云、炎热的时候，在晴朗、凉爽的日子里，它们能卖出更多冰激凌。当温度达到二十五摄氏度时，冰激凌的销量将直线下降。原因在于：购物者担心到家前它就会融化。

此类信息可帮助商人们找到契合最大机会点的销售模式，从而使他们能够消化库存，控制营销支出，并实现利润最大化。

有很多方法可以利用最大机会点。通常，客户会雇我的公司来制作广播广告，然后计划媒体购买，播出广告。我建议不要在十个平台上泛泛地播出广告，最好聚焦于少量（如三个）平台，增加每个平台的播放力度。再次说明，我强烈建议采用聚焦、深入的广告播出方式，而不是发散、流于表面的方式，这样一来，反复播出才能引起人们的注意。一条经验法则是，一则商业广告至少需要十二次曝光，才能使听众或观众真正注意到。例如，人们最常在开车时收听电台，也就是早上六点到九点之间，他们去上班的路上；以及下午四点到七点之间，在工作结束后回家的路上。这两个时间段的广告也是最贵的。因此，请将你的钱花在能够最好地吸引目标受众的少数几个电台上，然后大量购买它们的广告时间段。要确定选择哪些电台，请查看其收视率、听众的类型以及广告时间的价格。你需要的电台，要能够将信息传达给最有购买潜力的受众，从而带来最佳的投资回报。虽然我以电台为例，但该原则适用于任何媒体。

《梦幻周日》是多伦多的一个电台节目，每周日上午九点至晚上九点在岩石 Q107 电台播出。在 1965 年至 1975 年之间，该节目播放音乐，在周日的播出时间段内拥有最多的二十五岁到六十四岁的听众。专注于音视频设备的零售商布鲁尔湾电子，在该节目打广告已有将近二十年的时间。这笔媒体购买很有趣。《梦幻周日》是一个十二小时的电台节目，拥有一批喜爱音乐的忠实听众。它最受欢迎的主持人安迪·弗罗斯特是一位乐迷，负责中午到下午六点时间段的主持。听众喜欢他对那个年代的热情。

作为一名忠实的电台听众，我在其他电台都没有听到过布鲁尔湾电子的广告，但它依然是城里规模最大、最成功的音频设备零售商之一。公司拥有者马克·曼德尔森自己为广告代言，他的性格很招人喜欢。在他的广告里，他总是谈论着自己对音乐的热爱，以及用于享受音乐的最佳音响设备。

他相信，他应该经常认真地与特定的受众交流。显然，曼德尔森认为，持续不断地为这个电台节目的广告投资，就是巨大的机会点。这个节目有大批热爱音乐的听众，因此这家零售商年复一年地花上营销费里的大部分赞助它。

换句话说，布鲁尔湾电子选择了聚焦、深入的广告播出方式。如果我想寻找市场上优秀的音频设备，我会第一个想到布鲁尔湾电子。因为我是《梦幻周日》的忠实听众，它是我的节目清单里的头几名之一，过去几年我也买过好几次节目中推荐的产品。二十年来，布鲁尔湾电子没有改变过自己的决策，因为它确实有效。

当你预算有限时，找到机会点确实是营销中非常重要的一点。我常常看到一些小型营销公司在太多地方花钱，想要触及潜在市场的每个部分。但因为他们在每个部分都只是蜻蜓点水，因此市场并没有真正听到他们的声音。

聚焦于最大的机会点，巧用营销费，效果会好得多。如果你选择有影响力的代言人，他们会将你宣传给全世界。就像喜欢喝 VQA 葡萄酒的人，他们是最有购买力的消费者，也会成为向新客户宣传这一产品的"布道者"。你需要做的只是让他们接收正确的信息。但要想达到这样的效果，你必须先让公司的每一位员工都认可这些理念，或是说服客户相信你们的理念是正确的。

要实现上述效果，需要表达技巧的帮助。

VII

好创意不能烂在会议室

如何做有说服力的推介

§

§

　　在做生意的时候，说服人们购买你的创意是最基础的必要条件。无论你是做市场营销还是证明一份工作的开价合情合理，或者你只是在会议上站起来说服某人做某事，知道如何有效地推介是一项强大的技能。你的提议要么成功，要么失败。你的创意可能很重要，也可能微不足道。也许一个品牌的未来就取决于你的创意。或者这次会议将决定客户是继续聘用你还是解雇你，所以很多事情都取决于你的推介。我认为，好点子和推销出去的点子的比例大概是10:1。也许我的估计还是太乐观了。会议室就如同生意场上的百慕大三角。我见过很多绝妙的创意只因为没有得到很好的推介，就止步在会议室。一旦用笨拙的方法来推介创意，你就几乎不可能把会议从僵局中拉出来。

　　很早以前，我就意识到，长期从事广告业需要具备两项能力：一要能想出创意，二要能把创意推销出去。许多有才能的人可以满足第一个要求，但只有少数人可以做到第二点。许多有才能的营销人员都很害羞，不得不依靠别人来推销他们自己的想法。这个办法不太好用。如果负责推介的人与工作没有直接的联系，那么说服别人的热情就降低了。那种激情是一种微妙的东西。换成别人去推销，就有点像演戏。有人曾经这样描述负责推介的人："他的声音很热情，但他的表情很冷酷。"意思是推介者的话听起来很有激情，但他只是在表演。他的脸出卖了他。

还有一种推介者，创意是他们想出来的，但是他们在会议室里很笨拙。他们不是把自己的创意作为必然的解决方案，而是在播下怀疑的种子。他们表现紧张，这让客户认为他们对自己的想法缺乏信心。他们的不安就像洗衣机里的一双红袜子，所推介的一切都受到了污染。也许创意是好创意，推介却阻碍了它的发展。接下来是推介中真正危险的部分，也就是客户开始提出问题或提出反对意见的时候。正如一位智者曾经说过的，直到有人说"不"，销售才真正开始。优秀的推介人在这样的时候才真正赚钱。

在我的职业生涯中，我可以说我见过六位优秀的推介人。我目睹或参与了成千上万次推介。顺便说一下，在广告行业中，这个数量算不上什么，你产生的每个创意都需要做三次或更多的推介。一次是在公司内部，向创意总监推介，另一次是对品牌的会计人员，然后至少要向客户推介两次，次数多少取决于你需要多大程度的认可。如果你在广告行业工作超过二十五年，你做过的推介次数就很容易达到数千次。成千上万次推介，却只出现了六个优秀的推介人。这个比例简直糟糕透顶，但是，没有地方教人们如何做推介。你应该潜移默化地去学，我就是这么做的。我看过优秀的推介人用语言、语气和肢体语言控制着会议室里的节奏，我也见过那些糟糕的推介人逻辑混乱，将明明可以取得的胜利推开，以失败告终。在这种失败的推介结束后，同事们常常会批评你的风格，但你很少听到他们说出什么才是正确的推介方式。

首先，让我们讨论一下可能出错的地方。这份清单不仅长，还很滑稽。

在多伦多一家广告公司所做的一次著名的电话推介中，推介人等着客户接入电话，并悄悄对同事说那个客户是白痴。但其实客户已经上线了。最棒的是客户没有声张，过了一分钟左右才宣布自己接入了电话，这之后，他听了推介，做出了回应，在其他人都挂断后让推介人稍等片刻。你可以想象一下他们两个进行了怎样的对话。

在乘电梯去 IBM 公司向他们推销新产品的时候，一位创意总监说："推销的时候，千万别安排我坐在电脑怪胎旁边，那太叫人压抑了。"IBM 的首席执行官此时就站在电梯里。结果，这家广告公司没有做成生意。

这些都是在推介前手榴弹就爆炸的例子。这样的时刻就是充满了危机，甚至在你踏入会议室之前，你就已经输了。一旦进入会议室，手榴弹就变成了无穷无尽的地雷。

《真正的广告狂人》这本书很有趣，在这本书里，安德鲁·克拉克内尔讲述了一家广告公司在 20 世纪 60 年代如何争取航空公司大客户的故事。这家广告公司准备在航空公司的会议室里进行推销，他们称要先播放一盘他们最好的广告。广告公司通常都会这样做，目的是定下基调，展示他们最好的作品。这个推介会发生时，录像机和 DVD 都尚未问世，所以，广告公司要在安装好的放映机上播放胶片。灯光变暗，信号发出，放映机打开，让广告公司惊讶的是，影片竟然是倒放的。广告公司的工作人员马上跳起来，把灯重新打开，紧张地清了清嗓子，道了歉，迅速换掉了两个胶片。然后，灯光再次熄灭，信号发出，放映机重新打开。这一次，影片竟然是上下颠倒的。又是紧张的大笑和咳嗽。灯又亮了，胶片重装，灯灭了，信号发出，放映机打开，胶片却滚到了地上。

带着最后的耻辱，广告公司礼貌地站了起来，感谢航空公司的代表们抽时间见他们，然后收拾好放映机离开了。毕竟，继续下去又有什么意义？绝望的广告公司职员来到停车场，上了车，突然有人敲他们的车窗。来的是航空公司的市场总监，他通知他们赢得了这笔生意。在这场灾难发生之后，当震惊的创意总监在会议室里真诚地问为什么可以得到合同，客户说："因为很明显你们不是圆滑的推销者。"

你永远不知道可以怎样赢得客户。

克拉克内尔还讲了一个故事，关于一家广告公司向沃尔沃推销。当时，这家瑞典汽车制造商刚刚进入北美市场。在广告公司的整个推介过程中，包括展示几十个平面广告和标志创意，他们却把沃尔沃的英文名称拼错了。他们在推介中的表现一定很出色，因为他们依然赢得了这笔生意。

在《皮克特、普朗克特和帕克特》这本名字很幽默的书中，广告人拉里·波斯特讲述了他在拉斯维加斯向卢克索酒店推销的故事。他决定把其他酒店广告的片段放在一起，向卢克索酒店展示大多数赌场的广告都很老套乏味。这段视频里出现了游泳池、二十一点赌桌、歌舞女郎和老虎机赢家的老套场景，所有这些都是埃尔维斯·普雷斯利的《赌城万岁》中的场景。视频播放到一半时，波斯特发现了一件事，每个人的脚趾都在会议桌下面敲着。

就在那一刻，波斯特意识到他把事情搞砸了。

卢克索酒店客户很喜欢这个视频。他们并不认为这是陈词滥调，而是看到自己的精彩人生在眼前闪现，看到了拉斯维加斯的伟大。在波斯特提出他的广告创意时，他们却没有同样的发现。

广告人弗雷德·戈德堡讲了一个故事：他希望自己的广告公司争取到向安邦快递做推介的机会。为了给这家快递公司留下深刻的印象，戈德堡决定把他的公司最好的广告片录像带寄给安邦快递。几小时后，安邦快递给戈德堡发了一条消息，称他们的广告都很优秀，但是，戈德堡的广告公司却没有争取到安邦快递这个客户。戈德堡困惑地问为什么。安邦快递说，那是因为广告公司寄送录像带时使用的是联邦快递。

你听了肯定会笑。

在广告界基本上有两种推介形式。首先是新业务推销，广告公司要试着赢得新客户。这是所有推销中最重要的，因为它涉及潜在客户的陡峭学习曲线，还要将大约三个月的工作压缩到短短几周内。这有着很高的成本，广告公司所做的推介若是失败了，他们数百小时的劳动就可能得不到任何补偿。通常有三到五家广告公司相互竞争，争夺非常激烈。正如富有传奇色彩的创意总监约翰·赫加蒂所说的，一个新的商业推销就是重新定义一个品牌的未来。这不是练习设想出令人兴奋的广告宣传创意，而是规划未来五年的品牌战略。

在进行新的商业推销之前，聪明的广告公司会先列出他们所知道的关于客户的公司或产品的一切，再开始做调查。这是他们唯一能像普通大众一样思考的时候。他们越专注于产品，就越像客户。新的商业推销也像是在进行化学测试。客户们决定未来几年他们想要与哪一群人一起合作。要记住潜在客户可能带来数百万美元的价值。即使是一个小的广告公司向一个小客户推销，推介对他们两家企业来说仍然是一件大事，可能会引起各种面部抽搐。

这种推销的一个类型出现在客户宣布将这笔业务"提交审核"的时候。这表示他们对目前的广告公司不是百分之百满意，想看看还有什么其他的选择。这有点像都快结婚了，但还在跟别人约会。对当前这家广告公司来说，这是一个尴尬的时刻，因为全世界都看到了他们与客户之间的关系存在裂痕，而竞争对手都在争相进入这扇门。在公共服务领域，大多数政府部门按要求每三年都要对其广告账目进行审查，所以这是标准做法。合作中的广告公司必须做出选择，是忍气吞声、重新推销自己，还是干脆走人。大多数广告公司都想把生意赢回来，因为有了客户就有了收入，有了收入就能支付薪水。有时候，客户会被说服继续使用合作中的广告公司。

第二种推介类型是向现有客户推销新创意或活动，这种推介是标准类型的推介，经常发生。在这种情况下，广告公司已经与广告客户建立了合作关系。一天又一天，广告客户将营销任务交给合作的广告公司，广告公司提出创意，安排推介会。在大多数广告公司里，每天都要做推介。会议室都安排满了。这些频繁举办的推介看起来像是例行公事，却有着很大的作用。大型的全新品牌进行推介，将消耗掉最大的一部分公司营销预算，所以推介也面临着巨大的焦虑。维持现有的广告并保持新鲜，也是一项艰巨的任务。一个创意被否决是一回事，但如果到最后期限没有做出改变，好让创意人员重新开始，那就完全是另一回事了。现在，创意团队只有两天来想出一个全新的创意。曾经，他们用六周来想出第一个创意。很多失败是由于糟糕的推介，而不是糟糕的创意。

广告创意是很脆弱的。当它仅仅作为一种概念存在时，它的潜能就如同闪烁的火光，自桌子对面吹来的最轻的微风就能将它熄灭。推介新创意，需要镇静、有说服力，还要做到"防风"保护。

第一条规则就是了解你的听众。你必须对你的谈话对象有一个深刻的理解，这样才能切中要害。在推介中，你需要知道坐在桌子对面的人是谁。你必须了解会议室里的动态、推介的议程，了解评判你的工作的人都有着怎样的个性。也许有一位客户总是问起这个创意与过去的广告有什么关系。所以，你要小心地在推介中对此做出解释。也许另一个客户喜欢打断你问一些关于预算的问题，所以你可以把这些数字融入推介中，来化解这个问题。也许你知道你的客户喜欢典型的赌场的那种营销，那你就要小心，不要冒犯他们的品位。

知道会议室里是哪个人做主也很重要。是由集体来做决定，还是只有一个人能给你开绿灯？当你想要控制整个会议室时，知道谁的手指在扳机上，对你会很有帮助。有一次，在向拉巴特公司的一大群高管做推介时，一位富有洞察力的会计主管向我探过来，低声说道："有时你不用计算选票的数量，而是要看它们的分量。"这意味着，尽管客户的营销团队中有七名成员可能投赞成票，但坐在桌子末端的唯一一位副总裁可能投反对票，而这很可能就是最后的结果。

会议室里要是坐了很多人，那找出负责人并不总是那么容易，合作初期尤为如此。1970年，广告人杰里·德拉·费米纳写了一本沉重但滑稽的书，名为《来自为你带来珍珠港的奇人的启示》。这个标题源自费米纳为他的客户日本电子业巨头松下公司所建议的一个标题。他当时只是说说而已，想来一下头脑风暴，但是，通过这句话，你对费米纳的想法就有了深入的了解。

在那本书中，他讲了一个故事：如何在会议室里找出做决定的人。一家广告公司向一个新客户做推介，于是安排了一次会议。负责大部分推介的广告公司副总裁迟到了几分钟。他道歉后坐下来，整理好文件，就在轮到他发言之前，他迅速地扫视了一下桌子周围的人的表情，寻找那个掌握决定权的人。他发现了一个看起来很重要的人，而且这个人似乎对他很感兴趣。副总裁确定此人就是做主的人，并在整个推介过程中一直盯着那人的眼睛。副总裁在脑海里已经将其他人都赶出了房间，并把自己所有的说服力都用在了那个人身上。当副总裁推介完毕，他确信自己做得很出色。与会者互相握手，客户道了谢，并要求考虑一下。广告公司团队上了车，副总裁才注意到那个客户，也就是他一直认为的推销对象，竟然和他们一起坐在了后座上。过了一会儿，他意识到他其实一直在向自己公司的一个新人推销，而这个人只是一个职务不高的媒体助理。他居然在向自己的员工推销，还将全部的关注点都放在了此人身上。

没错，在一场推介中可能有一百万种死法。

还有一些时候，推销新业务需要一些边缘政策。保罗·拉沃伊是极富创意的出租车广告公司的联合创始人，他之所以如此成功，是因为他有能力能给人留下不可磨灭的印象。出租车广告公司得名于拉沃伊的理念，即为一个客户提供服务的人数应该能够装进一辆出租车。当出租车广告公司向耐克推销的时候，客户总监告诉拉沃伊，耐克的人在推介时没看你的眼睛，看的是你的脚。这很有趣，因为拉沃伊是匡威的铁杆粉丝。他的团队恳求他在推介当天把匡威鞋留在家里（这件事发生在耐克收购匡威之前）。

但在那个重要的日子里，拉沃伊依然穿着亮黄色的匡威跑鞋走进了会议室。所有耐克公司的人都盯着他的脚。推介会预计进行两次，在第一次结束时，拉沃伊把他的一只十三号（美码）大的脚放在桌子上，说："有本事就让我把这双鞋脱下来。"短暂的停顿之后，客户们爆发出一阵大笑。在第二次会议上，拉沃伊穿了一只耐克鞋和一只匡威鞋。他说："你们离目标越来越接近了。"

不久之后，耐克带着香槟和一双全新的十三号耐克鞋来到了出租车广告公司。出租车广告公司赢得了这笔生意。

这是一次大胆的推介。所有其他的广告公司都争先恐后地想给耐克留下深刻的印象。然而，拉沃伊让耐克团队觉得是他们在向出租车广告公司做推介。他挑战耐克，让他们说服他接下这笔生意。他的自信是决定性的因素。穿着竞品鞋去参加耐克的会议，是非常有胆识的。我想不出有多少广告公司有这种品质。即使在我们海盗电台的录音棚，当可口可乐来做一两个小时的短录音时，我们也按照要求把冰箱里所有的百事可乐都拿走。百事可乐来的时候也是如此。在《广告狂人》早期的一集里，我注意到了一个微小但很发人深省的时刻。当与好彩香烟公司的会议开始时，香烟公司的人刚在会议桌前坐下，就开始在广告公司的烟灰缸中寻找竞争对手的烟蒂。

品牌对待竞争者都带着这种严肃的态度。

为了争取成为宝马 Mini① 汽车上市宣传的广告公司，拉沃伊在

---

① 宝马汽车公司推出的一款小型两厢汽车。——译者注

推销的时候告诉客户，他们第一年不需要做任何广告，因为 Mini 是宝马这十年里推出的第一款车。他接着说，他们第二年也不需要任何广告，因为这款车仍然具有很高的新闻价值。但在第三年，他们就需要出租车广告公司了。现在我问你，还有哪家渴望得到生意的广告公司在向大客户推销的时候，会说你不需要任何广告？但这种经过计算的风险得到了回报。Mini 汽车委托出租车广告公司为他们制作广告。

出租车广告公司向移动电话公司科勒奈特（泰勒斯电信的前身）推销，拉沃伊走进了推介现场。科勒奈特公司的人都希望在现场看到出色的创意。拉沃伊只拿着一个笔记本和一支铅笔，坐在会议室的桌边，说："我没有答案，但我有十个问题。如果我们能一起回答这十个问题，我们就能大幅拓展你们的业务。"拉沃伊意识到，经营移动电话业务的企业对战略思考的反应要比对不成熟的创意的反应更好。他是对的。后来，科勒奈特打来电话，把这笔生意交给了他们。

当我在恰特／岱广告公司工作时，这家总部位于洛杉矶的公司以其大胆的推销而闻名。拉巴特要找一家广告公司为他们新推出的一个品牌做广告，恰特／岱广告公司与其他四家广告公司都进入了候选名单。我们在思考如何推销时遇到了瓶颈。这时，联合创始人杰伊·恰特提出了一个极为大胆的建议。他说："为什么不邀请拉巴特的人来听我们是怎么构思推销创意的呢？"现在，没有任何广告商会这样做。他们平等地向每家广告公司提供信息，随时准备回答任何问题，但从不"旁听"。当恰特邀请拉巴特的工作人员来参与我们的构思过程时，他们说："我们不能只为你们这么做。"当被问及为什么不行的时候，拉巴特表示这对其他广告公司不公平。恰特接着问："那其他公司有没有邀请你们去呢？"拉巴特的人说没有。恰特笑着说："那就是他们的损失了。"于是，拉巴特的人真的来旁听了。

这些推介中都蕴含着两个至关重要的教训。首先是在竞争中脱颖而出的关键价值。拉沃伊知道如何给人留下深刻的印象，恰特知道有些规则是可以打破的。大胆挑战，世界总会让步。

第二个是自信的说服力。我经常说，客户即便堵住耳朵，也能确定你的创意好不好。为什么？因为他们只是看着你，就能判断你有多大的自信。如果你不确定，你的肢体语言就会受限制，并造成不好的影响。这会腐蚀推介，特别是当推介工作十分特殊，而且面对的是没有合作过的广告客户。营销中有一条痛苦的真理：产品越好，销售就越难。出色的产品有很大的赢面。大胆、使人印象深刻的产品让人手心冒汗。你必须相信你的产品，要做到深信不疑。你必须带着信心做推介，并能在对方的怀疑之箭飞过桌面时将其挡开。

当制作人布莱恩·格雷泽试图向电影公司推销《现代美人鱼》的创意时，他一直将其当成美人鱼电影来卖，可惜没人感兴趣。格雷泽从未放弃，他不断地尝试，不断地推介。一位电影公司主管说："我把你赶出门，你再从窗户进来。我把你从窗户扔出去，你再从烟囱进来。"但你不得不佩服格雷泽的信念。正如他明智地指出的，一个"不"字包含了很多信息。所以他开始仔细地听那些拒绝，并意识到他从美人鱼这个角度讲得太多了。于是，他修改了推销的说辞。格雷泽不再提起美人鱼，而是讲了一个为了自己而寻找真爱的爱情故事，这与别人为你选择爱情形成了对比。同一部电影，不同的框架。

格雷泽对电梯推销微调之后，迪士尼就为其新的电影部门"试金石"买下了这部电影。《现代美人鱼》是试金石制作的第一部电影，成了当时迪士尼历史上赚钱最快的电影，它还造就了汤姆·汉克斯和达丽尔·汉纳等明星。《现代美人鱼》之所以存在，是因为格雷泽有着不可动摇的信念，并且愿意根据反馈重新调整自己的推销。格雷泽花了七年时间，才促成了这部电影。

我记得有一次我向冰球名人堂推介一个电视广告创意。名人堂想要吸引孩子们，因为孩子想去，爸爸通常都会同意。但这是一个艰难的推销，名人堂的冰球运动员都是退役队员，不是现役。孩子们只喜欢当红明星球员。因此，名人堂开辟了一个大的区域，在里面设置了很多与冰球有关的有趣互动游戏，需要做广告来宣传。我当时推介的创意是这样的：一个人走到一台互动游戏机前，按下一个按钮，随即被冰球砸中了脸，他非常震惊。然后，机器停了下来，说："欢迎来到约翰尼·鲍尔①的展览。"男人笑了，兴奋地又按了一次按钮。这时，画外音宣布名人堂现在有非常好玩的互动游戏："你想不到会有什么击中你！"

现在来说两件事：名人堂里没有约翰尼·鲍尔的展览，而且用十几个冰球打游客的脸也不是很友好。这两个都是有见地的批评。尽管如此，我仍坚信这种有趣的商业广告能够促进生意的发展。另外，名人堂对这个创意并不确定，我只好向五个不同级别的执行官做了推介，最后还向董事会做了推介（非常少见）。我必须在不少于六次会议上推介那个商业广告，而且每次都要像第一次推介那样充

① 冰球运动员。——译者注

满活力和激情。在每一个阶段，我都被客户的疑虑所困扰。但我坚持自己的立场，我相信我的创意堪称绝妙。这个广告一定会有不错的效果，我说。广告的内容出乎意料，又很有趣，让人想一遍又一遍地看。而且活动的互动性很强，孩子们肯定喜欢。是的，的确没有约翰尼·鲍尔的展览，但每个人都会理解的。要相信观众的智慧。用这样的方式来推动互动游戏的概念，既有趣又叫人难忘。

最后，名人堂同意了这个想法，并屏住了呼吸。这则广告一播出就引起了轰动。全国各地喧闹的体育酒吧突然安静下来，看完广告，客人哄堂大笑。当这则广告在全美冰球联赛的大屏幕上播放时，观众们都疯狂了。最妙的是，每天早上名人堂外都排着长队。满载孩子的校车开始出现。票务销售突飞猛进。这则广告赢得了无数奖项，广告演员获得了那一年的电视广告最佳表演奖，而且，它是我推销得最难的一则广告，我的直觉是一团燃烧的余焰，要永远爱、尊重、听从你的直觉。

现在来说一条我知道的经验教训：推介是一种表演艺术。

想想史蒂夫·乔布斯在介绍苹果新产品时做的著名推介吧，那堪称一出好戏。我的导师特雷弗·古戈尔在推介中令人无法容忍，他从不坐下来，总是在走来走去，他运用有趣的技巧把一个想法完美地推出来，让客户兴奋不已，然后他把画板在膝盖上磕碎，再扔到地上，说："但这还不够好！"在两到三次派头十足地用膝盖磕烂画板之后，特雷弗就会拿出他推荐的创意，开始讨论。那是一场令人难忘的表演，而且收效显著。

你肯定希望推介室里充满活力，最重要的是，你想让你的员工或客户透过迷雾来想象创意。你想让他们感受到你的概念，沉浸在推销的演讲中。在我职业生涯的早期，我会以一种冷静且公事公办的语气陈述我的创意。我以为坐在我对面的保守的商人想听一个同样保守的广告人做介绍。我的平均成功率很低。后来，每隔一段时间，我自己就会沉浸在表演中。当我表演广告的内容时，我会站在椅子上，会用滑稽的声音模仿文案中的孩子或警察。我会在会议室里汗流浃背地跳来跳去，以展示文案的真实感（想象一下冰球名人堂的推介！）。我开始意识到，每当我这么做的时候，也就是说，每当我自己沉浸在推介中，我的成功率就直线上升。我花了一段时间才找到其中的关联，但当我找到之后，我的职业轨迹也随之改变了。

在一次推介中，我们带了两把大安乐椅到拉巴特的会议室，让两位客户坐下，给他们每人一台电视遥控器。在开始表演我们的电视广告之前，我们说："你们不喜欢我们的创意，就换频道。"推介开始之前，他们就哈哈大笑起来。

能量是可以转移的，热情会感染人，信念是显而易见的。显然，推介不仅仅是信息的交流，还是说服。你希望人们接受你的想法，那就需要在推介会上付出不一样的努力。

我列出了一份清单，列举了一些在现实生活中的会议室里经受住了考验的建议，希望对你有帮助。这六个简单的见解一次又一次地为我所使用。它们将帮助你控制节奏，让你的推介得到认可。

营造认可的氛围

从走进会议室的那一刻起，就开始营造"认可的氛围"（就像我们对拉巴特公司使用的"安乐椅"这个主意）。使用随和、自信的语气来掌控整个会议室。不要使用商业术语或广告术语，说话要像个真实的人。你让客户微笑、自在地点头，会议室里的气氛就会偏向认可。然后，你要很随意地过渡到推介，不要非常正式地清喉咙或突然出现语气变化。

推介需要结构清晰

就像任何好的故事一样，推介需要开头、中间和结尾。结构良好的推介让人感觉你专业、聪明、有说服力。这样的推介有一个弧度。最好的推介如同带着人们踏上一段旅程，所以这趟旅程必须让人感觉经过了精心的策划和周密的安排。使用导言来重新审视你最初设定的概要，概述你的创意过程，不仅要告诉客户推介包含了哪些内容，还要告诉他们你放弃了什么，并将你即将提出的建议设定为最佳的解决方案。

准备结束语

毫无疑问，推介中最重要的时刻是在你公布完创意之后。不是像大多数人想的那样，重要的不是开头，而是结尾。是的，通过介绍，你的创意建立了起来。很多人都很擅长这一点，但几乎没有人会预先构想推介的结束语。你的客户看过你的创意后，他们的大脑就会像弹球机一样运转：分析、恐惧、兴奋、担心他们在公司里的上级会怎么想，以及消费者会做出什么反应。作为推介人，这是一个使你趁还未尘埃落定时让一切都冷静下来的好机会。你公布创意后的第一句话应该是："现在来看看我们取得了什么成果……"接下来，你要清楚地解释你的创意是如何仔细地满足了所有要求的。

在许多方面，结尾应该与开头相呼应。一开始，你说"你问到了这个、这个，还有那个……"，那现在你就该说"如你所见，我们已经解决了这个、这个，还有那个……"。你要解释为什么你的创意是新鲜而独特的。你要指出有趣之处，借此解释清楚你的创意与竞争对手的有何不同。要说明你的广告有多么容易推出。要指出如何把核心思想移植到其他媒介上。最重要的是，要带着信心来解释为什么你认为你的创意最合适。

这是你说服客户购买广告的机会。毕竟，你的客户已经知道了开头，还写了概要，而会议的这一部分是全新的。此时，你要排除一切障碍，以求得到认可。如果等到推介的几天后再去排除障碍，那小的减速带就变成了高大的墙壁。

绝不允许冷场

推介结束后若是马上出现冷场，那会议室里就会弥漫恐惧的气味。我参加推介的时候，曾经有很多次，创意公布后都出现了很长一段时间的沉默，然后有人温顺地问客户："那么，你们觉得怎么样？"这么做大错特错，沉默会扼杀创意。你要继续说，要让会议室里充满活力。利用这段时间来说服你的客户相信你的创意最为合适，在他们分析创意时，温和地消除他们头脑中形成的每一个障碍。在客户最终表达意见之前，你都不可以停止说话，等客户表达完毕，你还要继续讲话。我说"练习如何结束",意思是要花时间预测每一个可能的反对意见,并做出机智、深思熟虑的回答。这并不是说你要过分自我保护,而是你要花时间从各个角度分析你的建议。这表示永远不要在一个问题上手足无措。如果客户说:"你为什么没有在这次广告中提及我们的安全记录?"你可以自信地回答:"我们考虑过这个问题,但我们觉得……"

永远不要左右客户的想法

永远不要在做推介的时候说:"你肯定喜欢!"因为你的客户首先会想到的是:不,我肯定不喜欢。你这是将自己推到了失败的境地。为什么要在不利条件下工作呢?

卖掉创意,就到了午餐时间

当你在会议上得到了认可,你就该吃午饭了。我曾见过一些推介者,他们不断地兜售创意,得到认可后依然不断地推销,就像在卖出一样东西后又把它买了回来。客户陷入了关于广告的对话中,就会发现一些小问题突然困扰他们,如此一来,你又得从头再来一遍。不要成为那种看不到认可的推介人。如果你兜售创意成功,那就继续前进。

当然,你也会有输的时候。有时最糟糕的结果是客户虽然认可了你的创意,但坚持进行重大修改,从而破坏了最初的创意。约翰·赫加蒂讲述了一个故事:他为一位报纸客户推介一个标题,这个标题是"深而不溺"。一位客户认为"深"这个字代表死亡；另一个客户讨厌"溺"这个字，因为他害怕游泳。于是，赫加蒂转向第三位客户问道："你对'不'这个字有什么看法？"

有一位做过我上司的创意总监对这样的时刻发表过一句很棒的评论。他的话很简单："这个创意不再出售了。"他坚持让我们拿出一个全新的创意，而不是制作一个我们不再相信的广告。你没有理由带着一个糟糕的创意生活。客户和广告公司都喜欢的，才是最好的广告。

想要大获成功？那就成为一个出色的推介者。更重要的是，要出色地推介令人称奇的创意。

理解人性胜过一切

反直觉思维，乐趣无穷

§

§

　　肯尼亚纳库鲁的养鸡户都拥有小块土地。饲养自由放养的鸡有几个问题，其中最大的威胁来自食肉动物。在最初的十周内，养鸡户的大部分小鸡都被饥饿的鹰吃掉了。所以，养鸡户决定尝试用一些反直觉思维的办法来拯救小鸡。他们把小鸡藏在显眼的地方，还开始把鸡涂成紫色。

　　对猛禽来说，紫色的东西并不可口。事实上，鹰不知道如何处理紫色的东西，它们觉得紫色的东西都不能吃。这是一个令人着迷的解决方案。紫色的鸡在院子里跑来跑去，没有半点保护措施，老鹰也不来骚扰它们。即使鹰落在紫色的小鸡附近，也不会攻击。它只是看着紫色的鸟，然后琢磨着这是什么鬼东西。

　　养鸡户研制出一种紫色颜料，这种颜料是可降解的，对小鸡无害，十周后就会消失。到那时，小鸡们已经懂得如何在院子里生存，知道当头顶上方出现阴影，就该躲起来。就这样，存活率从20%上升到了80%以上。这就是命运的惊人逆转。这个解决方案也催生出了一个新的分支产业：给鸡染色。

　　他们给每只小鸡染色的收费约为三肯尼亚先令，或四加拿大分。

论及反直觉思维的影响力，这是很有力的一课。养鸡户没有花大价钱搭建防护网或铁丝，也没有雇人时时刻刻照看小鸡，他们想出了一个不用花很多钱的聪明法子，解决了这个让人非常烦恼的问题，他们把小鸡藏在了光天化日之下。

然而，这个解决方案导致了另一个问题。突然之间，农民们不得不喂养倍增的鸡群。大多数肯尼亚养鸡户买不起那么多的家禽饲料。他们只好跳出众所周知的框架来思考。答案是昆虫。鸡喜欢吃昆虫。事实证明，在肯尼亚，每英亩土地下大约生活着一吨白蚁，但很难找到这种鸡爱吃的食物。一个当地的非政府组织做了一些研究，发现一群住在肯尼亚另一个地区的人吃白蚁。非政府组织向部落打听如何捕捉白蚁，部落的人说他们用的是水浸泡过的废弃农作物秸秆。白蚁喜欢吃秸秆。等到白蚁爬到地面上吃秸秆，就很容易抓住它们。于是，肯尼亚的养鸡户有样学样。他们每天都把已经没有任何用处的秸秆浸泡在水里，然后放在地上。白蚁爬到地面上，鸡就能随心所欲地吃白蚁了，养鸡户也得到了免费的鸡饲料。

这两种解决方案都不需要花很多钱，但每一个都对结果产生了巨大的影响。养鸡户有更多的鸡可以出售，他们的收入增加了，买鸡肉的家庭也得到了更多的营养。

反直觉思维的关键在于理解人性。在肯尼亚养鸡户这个例子中，则是要了解大自然。紫色的东西很少有可食用的，动物们不会把紫色的东西当晚餐。蓝色对人类也有类似的影响。很少有食物是蓝色的，即使是蓝莓，其实也是紫色的。当人们节食的时候，他们经常被告知应该把餐厅刷成蓝色，因为蓝色可以降低食欲。这个节食小技巧就是基于对人性的深刻了解。

芝加哥建在一座大湖的边上。因此，芝加哥有许多危险弯曲的S形环湖弯道，交通事故频发。显然，这座城市需要做点什么来降低车辆事故率。

首先，芝加哥把车道标线做得更加清晰。没什么改变。

接下来，芝加哥把弯道警示牌做得更大。没有人注意到。

然后，他们在弯道警示牌边上加设了大型闪烁灯标。毫无效果。

因此，芝加哥决定将思维扩展到通常的解决方案之外。芝加哥是这样做的，他们在这些道路上绘制了新的水平条纹，开始时条纹之间的距离很均匀，但快到弯道时，条纹之间的距离就拉近了。

为什么这么做？因为这让司机感觉他们的速度变快了。为什么希望司机在接近S形弯道时感觉自己开得更快了？因为这样一来，他们出于本能的反应，就会慢下来。司机减速，事故就会减少。让人们认为他们在S形弯道上开得快了，从而让他们减速。我喜欢这种思维方式。

对于一个长期存在的问题，这是一个完美的反直觉解决方案。如果你听过我的广播节目，你就会知道我一直对反直觉的解决方案感到好奇。我深深地沉迷于那些新颖、出人意料、"不走寻常路"式的回答，这些方案不仅解决了迫在眉睫的问题，最终还推动了企业的发展。

反直觉解决方案的棘手之处在于，它们往往难以让人完全相信、难以推介，而且几乎所有人一开始都对其产生回避心理。无论从哪方面看，它们都不像过往那些解决方案。它们与昨天的答案没有丝毫相似，还常常显得轻率。你想把我的鸡涂什么颜色？然而，当机会、创造力和反直觉思维排成一行时，你听到的咔嗒声是不会错的。

要产生这种思维过程，你必须摒弃现状、标准化的策略和趋同思维。再说一次，"我们这里就是这么做的"这句话会让市场营销陷入死局。如果你想让人们对某事做出全新的反应，你就必须以新的方式与他们交流。如果你想解决一个长期存在的问题，那么答案可能必须是另类的。

大多数啤酒广告彼此相似是有原因的，大多数汽车广告大同小异也是有原因的。那些广告商让他们行业的护栏限制了他们的思维。要我说，这些界限是人为造成的，是自己加在自己身上的。产生反直觉解决方案的关键在于停止在你的行业范畴内思考，不要像汽车经销商那样思考，要从出色的营销人员的角度思考。

通常情况下，大企业比小而灵活的公司更难改变。穿过官僚主义的迷官往往会扼杀新奇的创意。但幸运的是，情况并不总是如此，就拿沃尔玛来说吧。沃尔玛在许多零售领域都堪称庞然大物，但该公司仍面临巨大的竞争压力。特别是它将与亚马逊线上商城展开正面交锋。亚马逊以极低的价格提供数千种产品，经常免费送货上门。而且，有些产品是次日送达。为了对抗免费送货，沃尔玛开始尝试当日送达。现在，对于像沃尔玛这样拥有如此多资源的公司，你可以想象一下他们是如何做到的，你肯定认为沃尔玛拥有一支卡车车队、司机和复杂的物流。但沃尔玛选择了把护栏往后推，尝试让客户去送货。

是的，你没有看错。

简单来说就是，沃尔玛把网上订单直接发送到门店，邀请顾客

"出租"他们的汽车空间，并要求他们将订单递送给恰好顺路的其他顾客。就这样，沃尔玛没有使用数千辆卡车，而是雇用了他们的数百万名顾客。这是一个令人震惊的想法，不是吗？顾客先进行注册，然后接受筛选和审查。他们下次购物时可以享受折扣，作为他们花时间送货的补偿。

让我们来分析一下这里的战略思维。沃尔玛在全球拥有八千多家门店，这些门店都可用作仓储中心，而亚马逊只有八十个。沃尔玛拥有数百万顾客，亚马逊只有十五万名员工。这么看来，沃尔玛的想法算不算疯狂呢？

沃尔玛开始只在二十五家门店试行这项服务，这可能行得通，也可能行不通，但这种自由的思考肯定会带来更多创新的解决方案。只有跳出了思维的藩篱，摆脱了行业的僵化，才能开始看到什么是真正可行的办法。

让我们继续聊一会儿在线购物。网上零售商面临的一个问题是，人们白天很少在家，无法接收快递。快递公司担心包裹被盗或被雨淋，不想把它们留在门口，也不想把它们塞进邮箱。因此，无法收快递就成了网上购物的烦恼之源。沃尔沃想出了一个有趣的解决方案。这家汽车制造商想让快递公司把商品送到你停放的车里。

是的，就是送到你停放的车里。沃尔沃向快递公司提供你的汽车停放的位置，并提供 GPS 坐标，以及汽车的颜色、制造商品牌和车牌号码。然后，它将为快递公司提供一个一次性后备厢数字密钥。快递员只需按下他们的智能手机或平板电脑上的一个按键，沃尔沃就可以通过其"随叫随到"技术解开汽车的后备厢锁。

一旦包裹被放入后备厢，汽车就会立即重新上锁，你的手机也能收到短信确认包裹已经送达。

这个想法很古怪？不，这个创意已经在瑞典投入使用了。这是一个反直觉的解决方案，通过把包裹送到停放的汽车，解决了困扰网上购物的一大难题。

这个创意之所以能够实现，是因为沃尔沃在玩一个"假设"游戏。"假设"的目的不仅仅是打破界限，而是触发疯狂的联系。我可以坦诚地说，我参与的所有优秀的创意都来自当今最疯狂的建议所引起的直接结果。疯狂的建议就是通向更出色创意的垫脚石。如果没有这些古怪的想法所提供的桥梁，我们就不可能想出绝妙的创意。寻找快乐的碰撞吧。规则就是，你想要多疯狂就可以多疯狂，只要能创造出优秀的营销创意。如果我们推销的产品真的能让你看起来更好呢？如果我们有世界上最多的预算呢？如果我们只能用哑剧演员呢？如果我们的代言人是一只鸭子呢？

我编写过的最成功的广播广告之一源于一个古怪的"如果"：如果我们拔了鸭毛呢？这个广告推销的是一种用名为七孔棉的杜邦公司软纤维制成的枕头，这种枕头的定位是比羽绒枕头便宜。在这则广播广告中，我们拔了一只有趣又恼人的卡通小鸭的毛，并在广告里说，现在有了柔软的纤维枕头，就没有必要再拔鸭毛了。这条广告播出后，枕头的销量超出了所有人的预期，人们甚至打电话给广播电台，要求播放这则广告，仿佛这是一首热门歌曲。远在瑞典的杜邦公司办事处听说了这则广告，要求拿到这则广告的音频。如果我们不玩"如果"，就不会有这条广告了。

我们曾受雇帮助一家企业在缅因州波特兰推出一款啤酒。那是一家新开的小啤酒厂，创始人比尔·佩尔纳想酿造一种名为斯巴霍克黄金麦芽酒的新啤酒。当我们问他为什么这个世界还需要一款新啤酒时，他的回答很有趣。他说缅因州波特兰的一切都是为游客准备的。一切。但是斯巴霍克黄金麦芽酒是给居住在缅因州的人们准备的。他们可以说这种啤酒是属于他们的。我觉得那句话很有道理。

佩尔纳只有很少的预算，所以选择了广播广告。这种广告比电视广告便宜得多，比印刷广告的覆盖率更大。当我们在海盗电台的写字间里构思创意的时候，我们突然灵光一闪。如何才能在广播中宣传一种新啤酒而不让游客听到呢？因此就有了一个很出色的"如果"：

如果我们在广告中不提产品的名字呢？

这个创意很简单，但有些离谱。在头两周（此时正是旅游季节开始之前）密集播出的第一则广告中，我们介绍了斯巴霍克黄金麦芽酒，并告诉缅因州人这款啤酒是小批量酿造的，以求得到更好的味道，最重要的是，它是为缅因州人酿造的，与游客无关。

然后我们提到了最出人意料的一点：在这则广告里，人们是最后一次听到"斯巴霍克黄金麦芽酒"这个名字。从那以后，我们只会用游客听不懂的暗语提及这款啤酒。具体来说，就是以哨声为代码。因此，当缅因州人听到一声特别的三音符哨声时，他们就知道这是秘密信号，表明新一批"斯巴霍克黄金麦芽酒"酿造出来了，这样他们就会来买。我们提议为一家汽车经销商、一家珠宝商、一家殡仪馆和一家律师事务所制作一系列电台广告，这些都是缅因州很常见的广播广告商，但其实这几个厂家都是虚构出来的。在这些广告的结尾，我们会放上三音符的哨声。这是我们的创意，我们为此而兴奋。

当我们把这个创意告诉比尔·佩尔纳时，电话那头一片沉默。

最后他打断我说：

"你是说，我推出了一款新啤酒，而你在广告里却不提我们的品牌名称？"

完全正确！

你可以想象他是怎么想的，但是，就像我之前描述的冰球名人堂广告一样，我真的相信这个创意，我也相信听众是聪明的。我毫不怀疑，缅因州人会很快理解这个想法，欣赏并配合。

佩尔纳不太确定。他想好好考虑一下。我打赌他肯定想得很辛苦。

他又来了电话，这一次，佩尔纳邀请了一个有过啤酒企业从业经验的人。这位先生曾在啤酒巨头百威公司的广告宣传部工作，有着丰富的啤酒销售经验。佩尔纳让我们向这个曾经的百威员工解释创意。我们照做了。佩尔纳谢过我们，挂了电话。他大约一小时后给我们回了电话。我们询问他那个曾在百威工作过的朋友对我们的广告有什么看法时，佩尔纳说，他的朋友告诉他："离那个想法远点。什么啤酒在刚上市的时候不提品牌名？"

这是一个合情合理的问题。不过谢天谢地，比尔·佩尔纳是个聪明人。他知道这个主意很妙，他知道它很新颖，正如我们提醒他的那样，而且，他只有很少的预算。他知道他必须引起轰动。一个新产品只有一次发布机会。只有一个第一印象，只有一个初吻。尽管他脑子里不停地响起警报，他那个曾在百威工作过的朋友疯狂地摆手，尽管我们只是在电话里推销这个创意，从没有直视对方的眼睛，但比尔·佩尔纳还是同意了。

就这样，我们录制了这几条广告，并播出了第一条。这条广告介绍了斯巴霍克黄金麦芽酒，告诉缅因州人这款酒是为他们酿制的，而不是为游客准备的，我们还说，此后，他们只能听到哨声。一连两周，佩尔纳都没有得到这则广告引起的任何反馈。什么都没有发生，绝对的沉默，他最可怕的噩梦成真了。在某个地方，一个百威前员工拍着自己的肚子说："我早就告诉过你了。"然后，最有趣的事情发生了。

司机在加油站给斯巴霍克黄金麦芽酒运输卡车加油的时候，听到身后传来了哨声。三音符哨声。他转过头，只见一个人站在另一个加油口，冲他竖起了大拇指。

这则广告引起了轰动。人们开始在酒吧里吹口哨点啤酒。当地一家报纸甚至用整版篇幅报道了斯巴霍克黄金麦芽酒。当几条伪装广告播出时，缅因州人打电话给电台，说他们知道这其实是斯巴霍克黄金麦芽酒的广告，他们喜欢这个广告。斯巴霍克黄金麦芽酒突然变得销路非常好。这款啤酒以极低的营销预算正式上市，它的全名只在为期八周的宣传活动的头两周被提及。

这完全是一个反直觉创意。一种游客听不懂的神秘语言，源于一个"如果"游戏。

这个创意的成功是因为它的大胆。缅因州的广播听众立即明白了广告的意思。他们回应的是一种逆流而上的语气。他们想支持这种啤酒和这家啤酒厂，并欣然接受广告创意。

正如"反直觉"这个词所暗示的，反直觉创意是与一个人的正常本能相反的。它常常十分大胆，无视传统智慧，选择很少有人走过的道路，有时候还是一条从没有人走过的路。但如果这是一个明智的创意（使用代码），如果它在其他所有人都向右转时向左转（不提品牌名称），如果它植根于一个深刻见解（为当地人而不是游客而准备），那它就有很大的机会引起关注。关注是所有产品在上市发布时都需要的氧气。

在斯巴霍克黄金麦芽酒出现在我们的桌上之前的几年，一个名叫理查德·法斯特的游戏发明家找到了我们。事实上，法斯特以前是个餐馆服务员，但他很有想法。他发明了一种叫"思维陷阱"的棋盘游戏，这款游戏就是要回答横向思维的问题。例如："如果你在北极看到一个赤身裸体的男人被冻在冰下，你怎么能马上知道那是亚当与夏娃传说里的亚当？"

嘀嗒嘀嗒。

答：他没有肚脐。

法斯特希望通过电台宣传来推出这款游戏。他有两个目标：第一，在即将到来的圣诞节大量卖出这款游戏，而在圣诞季，80%的游戏都会上市销售；第二，让玩具反斗城的采购员在听到这则广告后想要购进这款游戏（避开通常进入大型零售商店所需的冗长协议）。

当我们在办公室里玩这个游戏时，有一点很明显，也很令人惊讶，那就是我们能够很好地回答这些横向思维问题。随着时间的推移，我们进入了三维思维的洪流。当新玩家加入，我们可以轻而易举地打败他们。我们玩着玩着，思维陷阱这款游戏最主要的好处就显现了出来：这是一款能让你胜人一筹的游戏。

我们最终制作出来的广播广告非常不同寻常，因为我们在广告中并没有将这款游戏播放出来。我敢说，你肯定想不起有哪个游戏广告，你在广告片里既看不到也听不到有人玩那款游戏。但我们的观点是：这不是游戏，它只是能让你胜人一筹。理查德·法斯特很快就如愿以偿了。

我们在制作思维陷阱广告时用到了这样一些有趣的创意：超越你那个成功的姐夫，胜过你那挑剔的岳母，打败你那窃取功劳的老板，叫你的老板平时总说："干得好，斯坦。除了你的名字叫格雷琴，其他一切都好。"用这样的方式来发行一款新游戏，是一种彻底的反直觉办法。但是，其中蕴含的幽默是不可否认的，见解也是正确的。

仅仅几个月后，思维陷阱就成为加拿大排名第一的棋盘游戏。玩具反斗城在几周内就采购了这款棋牌游戏，这可是闻所未闻的事情。我们制作的广告最终传遍了美国和英国。当美国的发行商想要改变广告中的一些措辞时，理查德·法斯特说："一个字也不能改。"我喜欢法斯特。

反直觉思维就像美国海岸警卫队的破冰船，打破了僵化的市场营销思维模式。它突破了传统的销售策略，这些销售策略虽然常见，却十分生硬。当所有其他品牌都试图挤进同一个销售空间时，反直觉创意却独坐一处，享受无限风光，一点也不拥挤。不玩思维陷阱，就是让人们爱玩思维陷阱的关键。

1978年，梅尔·齐格勒和帕特里夏·齐格勒夫妇在一个仓库里发现了五百件旧军服。周末，他们拿着这些衣服去跳蚤市场卖，总共卖出了十件。下一个周末，他们做出了一个战略性的决定。他们决定将价格提高一倍，并给这些衣服起了个名字：西班牙伞兵短袖衫。

他们很快就卖了一千美元。明白了如何定价和描述产品，他们决定开一家零售商店。也许你听说过这家店。

店名是香蕉共和国。

让我们分析一下他们的决定。他们的产品在竞争激烈的低价跳蚤市场上卖不出去，所以他们把价格提高了一倍。谁会把在跳蚤市场出售的东西提价一倍？我是认真的，有谁这么干过？谁？但是，打上"伞兵衫"的标签（的确是伞兵衫），并将价格提高一倍，衬衫就比上一周更受消费者欢迎。注意，产品没有改变，只有策略改变了。这又是一个完全的反直觉创意。它不同于跳蚤市场的所有传统智慧，因为在跳蚤市场，低价才是准则。

如果一个创意必须与过去的创意类似，那么在商业中什么也不会发生。如果以相同为标准，那么逐步发展就算得上最好的结果了。优秀的营销就是要实现飞跃，显然，制定反直觉策略的最佳方法之一就是考虑做一件说不通的事情。比如，让司机觉得他们在 S 形弯道上开得更快了，或者是在跳蚤市场上把衬衫的价格提高一倍。谁会这么做？这就是为什么你很难理解反直觉创意。

在阿根廷首都布宜诺斯艾利斯，一家广告公司有一个客户，这个客户需要做一个大型广告宣传活动，来推广名为马德罗小镇的河畔房地产开发项目。马德罗小镇占地七个街区，包括一家希尔顿酒店、一个会议中心、一座公寓楼、三座写字楼、一座拥有十八个播放厅的影城购物中心、一座海洋博物馆和一条两千五百英尺（约合七百六十二米）长的户外活动步行街。马德罗小镇是一座城中之城，坐落在拉普拉塔河岸一个历史悠久的地段，但是它有一个很大的缺点，那就是地理位置比较偏。因此，这个广告活动有一个明确的目标：让人们都知道这个小城的存在，并增加这个偏僻小镇的人流，他们的预算是四百万美元。

当广告公司思考如何推出这个项目的时候，有件事一直困扰着他们。典型的建议也符合小镇客户的期望，就是通过多媒体的全面营销活动来推广马德罗小镇。这样的营销活动将突出这个全新建筑群的所有特点，让人们有理由走远路去小镇。但这家广告公司认为，在广告宣传上花费四百万美元是一个错误。

我想说，对广告公司来说，这是一个非常不寻常的想法。

考虑到小镇地理位置不便，广告公司确实认为没有广告活动可以吸引足够多的人流，从而让小镇兴旺起来。竞争的商场太多，而且去那些商场容易得多，距离这个障碍太大了。因此，他们开始探索其他可以吸引购物者去马德罗小镇的方式。他们进行了研究，以确定人流将来自何处，来小镇购物最令人信服的理由是什么，以及人们都通过什么方式到达这个偏僻的地点。正是在思考最后这个问题的时候，他们有了一个反直觉式的飞跃。与其进行广告活动，为什么不建立一些可以真正将人们吸引到小镇来的东西。

换句话说，为什么不建一座桥呢?

他们的想法是建造一座真正的跨河人行天桥，为公众提供方便的通道。然后，他们把这个想法又推进了一步，世界上许多大城市都有著名的地标，悉尼有歌剧院，巴黎有埃菲尔铁塔，纽约有帝国大厦，但在布宜诺斯艾利斯，地标性建筑很少。因此，他们建议建造一座由世界著名建筑师设计的世界级桥梁，而不是一座实用的天桥。

那么，让我来问你一个问题:如果你是一位首席执行官，你要求进行一场广告宣传活动，而你的广告公司却让你去建桥，你会怎么说? 马德罗小镇的首席执行官坐在那里，完全惊呆了。但他听取了广告公司的想法和他们深思熟虑的理由，便同意花钱建桥。这个项目很成功。

尽管新闻界和广告业一开始都反对这个想法，但这座令人惊叹的人行桥还是成了马德罗小镇的地标和象征。这样的做法最终产生了比任何广告活动都要大的宣传效果，并吸引了成千上万的购物者。这绝对是一记漂亮的全垒打。

我曾经为传奇创意总监李·克劳工作过，他曾经说过，并不是所有的商业问题都可以通过广告来解决。尽管广告活动是预期的解决方案，也是客户要求的解决方案，但广告公司还是要用新的眼光来看待这个问题。快速公司的联合创始人比尔·泰勒称之为"Vuja Dé"。我们都知道"似曾相识[①]"是什么意思：看着一个不熟悉的环境，却感觉像是在哪里见过。但是Vuja Dé的意思正好相反：要用对待陌生东西的眼光看待一个熟悉的事物。这正是布宜诺斯艾利斯那家广告公司所做的。他们的任务是吸引人流。谁能想到，他们竟然用建桥的办法来接受挑战，这完全是反直觉思维。有趣的是，广告业最初对这个想法嗤之以鼻，但真正新颖的想法很少在诞生之初得到支持。

这让我想起了阿姆斯特丹的汉斯·布林克廉价旅馆。如果你住过汉斯·布林克廉价旅馆，那你很可能会记得旅馆里的样子，它被称为"世界上最糟糕的旅馆"。

房间里空无一物，卫生纸时有时无，床单上布满污渍，墙上到处都是涂鸦。客人闻到的都是怪味，大厅里满是烟头。接待区很脏。

———————————

① 原文为 déjà vu。——译者注

食物叫人难以下咽。酒店的员工脾气暴躁。这不仅是不好，完全可以说是很糟糕了。但事实是，汉斯·布林克廉价旅馆对此并不介意。

20 世纪 90 年代初，这家旅馆的经理说自己听够了客人们对旅馆糟糕状况的抱怨。他想要"管理预期"。他的想法是，如果顾客没什么期待，那不管他们得到什么，他们就都不会有怨言了。那么，当你的产品没有任何好处，没有任何功能，只具备一些最基本的功能，你会怎么做呢？你做了一件不可思议的事：说出真相。

这家旅馆的广告公司卷起袖子开始工作，发起了一场宣传活动，告诉顾客汉斯·布林克廉价旅馆"这里有你在酒店不想看到的一切，甚至更多"。广告里没有任何隐瞒，利用了坦诚这一奢侈的优点，而且，广告里有时会出现他们不会提供的东西：没有按摩浴缸，没有侍者，没有游泳池，没有停车场，没有迷你酒吧！有一条广告是这么说的："我们的女佣工作加倍努力，因为我们只有一个女佣。"有时广告会强调你能得到什么：现在房间的钥匙是免费的！现在有免费的冲水马桶！现在有更多没有窗户的房间了！现在提供的服务减少了！

《纽约时报》有这样一篇报道：因为讲究干净，痴迷使用普瑞莱洗手液，公众的免疫系统变得越来越弱。汉斯·布林克廉价旅馆抓住了这个机会。他们从客房里收集了一堆灰尘，把虱子送到实验室进行测试。不出所料，结果显示旅馆里到处都是令人讨厌的微生物。于是，旅馆制作了这样一则广告：

有洁癖的人注意啦：

你们把这个世界弄得太干净了。你们的免疫系统现在很危险。我们需要接触泥土来建立对有害细菌的天然抵抗力。出于这个原因，汉斯·布林克廉价旅馆以脏和布满多种细菌而自豪。只要住上一晚，你的免疫系统就会增强，并一直保持高效。

趁早来吧。

结果，旅馆的预订量飙升。

在这则广告播出之前，该旅馆的入住率一直只有 45% 左右。五年内，入住率飙升至 80%。要知道一点：比起该地区其他许多经济型旅店，客人住在汉斯·布林克廉价旅馆花的钱还要多一点。他们只是想看看这家旅馆到底有多糟糕。汉斯·布林克廉价旅馆生意兴隆。他们可是在竞争异常激烈的经济型旅店领域中做到的这一点。他们的生意不仅比竞争对手好，他们的利润率也更高。当他们的竞争对手争夺一小部分经济型旅店行业市场份额的时候，汉斯·布林克廉价旅馆则成了世界上最糟糕的旅店之一。还有比这更反直觉的概念吗？

虽然我不会推荐这种策略，但你不得不佩服它的大胆，以及它围绕汉斯·布林克品牌构筑的护城河。

这里还有一些不言而喻的东西。当每个人都希望你前进，你却走"之"字形，并从中受益，企业需要创造一种接受反直觉思维的文化。大多数反直觉创意一开始听起来都缺乏条理，考虑不周。提出这样的创意需要勇气。你能想象有人在沃尔玛的一次会议上举起手建议让顾客投递包裹的情景吗？那一定需要勇气才能做到。但沃尔玛做得很好，他们显然需要新点子，沃尔沃也是如此。为什么要帮助在线零售商投递包裹？答：这不是在帮助在线零售商，他们是为沃尔沃的客户着想，并努力让他们的生活变得更好。

商业中最大的收获不在于统计数据、事实或大数据，而是要看梦想能走出多远。是的，你必须吸收所有的研究、焦点小组的成果和传统智慧。但这之后，你要把大脑的那一部分关掉，让你的直觉去把握方向盘。你的直觉有能力实现更大的飞跃。大多数公司并不重视直觉。人们都认为直觉很疯狂，不可量化。正如作家山姆·谢里丹所说，直觉已经成为一种被禁止的东西。

但最好的组织有不同的看法。每一家企业都需要方圆范围内最聪明的员工。因此，最成功的营销人员试图创造一个"有计划的意外发现"的环境。就像我们在海盗电台编写广告文案时玩的"如果"游戏一样。规则是：在这个阶段，没有哪个主意是不好的。我想听到文案人员所想到的一切，无论是好是坏，哪怕他们的主意非常糟糕。我希望每个人都有足够的自由来喊出他们的心中所想。成熟的，不成熟的，合理的，荒谬的，都可以。在这个阶段，没有人会被评判。最好的情况是，我们会在得到绝妙创意的道路上被一根线绊倒；最糟糕的情况是，我们都大笑一阵。

反直觉策略就像一排绿灯，避免了所有品牌都试图挤进同一个停车位的拥堵。只需要用对待陌生东西的眼光看待一个熟悉的事物，再加上一个上好的时机。

学会蹭热度

时机决定一切

§

§

　　数年前，作为一名年轻的广告撰稿人，我为杜邦公司生产的一种工业塑料产品写了一则平面广告。在这则平面广告中，一名皮划艇运动员正准备越过一道巨大的瀑布，标题则说现在可不是怀疑皮艇的材质是否合适的好时机。作为一个广告，它很吸引人，也确实引起了你的注意。广告上有一个电话号码，打电话就能了解到更多信息。不幸的是，我们把电话号码写错了。就这样，接到电话的不是杜邦公司。威斯康星州的一家小面包房接到了数百个询问工业塑料的电话。

　　哈哈（紧张地清清喉咙）。

　　想出一个可以改变商业结果的绝妙创意，从来都不是一件容易的事，对胆小的人来说，也很不容易。新鲜的想法招来的阻力最大，需要最好的盔甲才能存在。此外，一个引人注目的营销活动还有很多娇嫩的花瓣。核心意图是否有意义？是否明确确定了目标受众？创意是否以令人难忘的方式表达出了意图？语言有说服力吗？艺术方向新鲜吗？媒体采购是否有效？

　　但是，对你的营销，你还可以提出一个重要的问题：你是否在适当的时间针对适当的人提供了适当的信息？

　　曾经有一段时间，广告不那么具有侵入性，而是更具有相关性。当婴儿潮时期出生的人第一次开始看电视和听广播时，广告还会考虑到广播环境。摇滚电台卖立体声音响和啤酒，排名前四十的电台卖泡泡糖和百事可乐。正如研究人员约翰·帕里卡尔指出的那样，婴儿潮一代不需要设置任何过滤器。但随着年龄的增长，大量的广告开始轰炸他们，婴儿潮一代不得不打开无数的过滤器。这么做是需要付出精力的，而且他们开始对广告的干扰感到愤怒。另一方面，年轻的观众一向都需要过滤广告，所以不会为了广告困扰。

　　信不信由你，在市场营销领域，克服广告引发的愤怒是一项非常耗费精力的任务。你看了一晚上的电视，可能并不会觉得愤怒，但愤怒是真实存在的。只是大多数的广告商都不擅长此道。委员会扼杀出色的创意，糟糕的客户催生糟糕的文案，受股价驱动的企业追逐客户，而不是取悦客户。雪上加霜的是，广告商仍然可以用大量的广告来激怒公众，举例来说，有些广告被不合适的目标受众看到，或者在不恰当的时间被适合的受众看到。一个很棒的痤疮药膏广告要是在五十多岁的人观看的某个电视节目中反复播放，就会让人讨厌。一个极具创意的汽车广告，让六个月前就买了车的观众看了，他会觉得无足轻重。

　　要想在市场上被人听到，最好的方法就是用一种独特的声音把话说出来，同时还要把握好时机。时机决定一切。大数据算法正在实现这一点。例如，汽车制造商可以使用信息记录程序来跟踪你的网上购车记录。他们观察你访问他们的网站时，都查看过哪些型号汽车的特性。然后，当你开始着手购买和筹措资金，他们就会给你一个折扣优惠。你可能也在考虑竞争品牌，但这个诱人的折扣可能会改变你的决定。这就是在适当的时间发出适当的信息。

许多时机恰当的广告都需要好好计划一番,有些这样的广告讲究自发性。此外,一些时机恰到好处的营销纯粹是运气使然。我最喜欢的一个关于时机的故事,解释了为什么电影女神玛丽莲·梦露会出现在垂钓名人堂。

乐伯乐鱼饵在垂钓界很有名。1936 年,一位名叫劳里·乐伯乐的芬兰人创造出了这种鱼饵。作为一个机警的垂钓者,他注意到大型食肉鱼会冲进成群的米诺鱼中间,攻击那些游得稍微偏离中心且比较弱的小鱼。于是,他雕刻了一个木鱼饵,鱼饵在水里摇摇晃晃,就像一条受伤的米诺鱼。大鱼都很喜欢吃这种小鱼。

他的乐伯乐鱼饵效果很好,他在芬兰开了一家小公司来生产这种鱼饵,生意做得还不错。但他最大的营销成功完全是意外。

1962 年 8 月,《生活》杂志刊登了一篇题为《鱼儿无法抗拒的诱饵》的短篇文章。该文讲的就是最初那种乐伯乐人造米诺鱼,称赞这种诱饵非常好用,能吸引大鱼。乐伯乐公司并不知道他们的世界即将被颠覆。乐伯乐没想到的是,这期《生活》杂志的封面是玛丽莲·梦露。

这位好莱坞性感女星刚刚去世,举国上下都在哀悼她的离世,这期《生活》杂志对她的生活和演艺事业进行了大篇幅的报道,打破了所有刊物的发行量纪录,成为有史以来销量最好的一期。庞大的读者群对乐伯乐这个小公司产生了巨大的影响,他们立即收到了超过三百万的鱼饵订单。考虑到美国乐伯乐办事处只有两个工作人员,可以说订单险些将他们淹没。

不用说,乐伯乐努力满足所有订单。这家公司每天收到三袋多的邮件，很多邮件里塞满了现金，要求买下他们能生产出来的所有鱼饵。那期《生活》杂志把乐伯乐鱼饵推到了顶峰。今天，乐伯乐鱼饵在一百四十多个国家销售，他们保持的捕鱼量世界纪录比其他鱼饵都多。这一切都是因为乐伯乐恰巧在适当的时间向适当的人传达了适当的信息。因此，2008 年，乐伯乐将玛丽莲·梦露列入了他们的垂钓名人堂。

布莱恩·格拉兹制作了一部由基弗·萨瑟兰主演的新剧《24 小时》，第一季制作完成时正赶上"9·11"事件发生。为了避开"9·11"事件过后的敏感时期，该剧的播出时间推迟了整整一个月。但制片人不必担心。在双子塔惨剧后，一部讲述足智多谋的美国特工打击恐怖主义的电视剧，正好成了在适当的时间出现的适当节目。

1979 年，电影《中国综合症》上映。这部影片讲述了一个核反应堆故障引起恐慌的故事。电影上映十二天后，宾夕法尼亚州三里岛就真的发生了核反应堆熔毁事故。这则新闻震惊了全国，最终有十四万人被疏散。电影公司不知道是该把电影从影院撤下，还是该抓住这个机缘巧合的时机。结果，他们两样都做了，他们将这部电影停止放映一段很短的时间，然后重新上映，获得了超过五千万美元的票房收入。在那个时代，这可是巨款了。

运气的问题在于你不能驾驭它，不能依赖它，也不能召唤它。许多公司都对此心知肚明，于是都希望创造一系列他们可以控制的环境，而一部分这种能力则来自对客户的深入了解。换句话说，如果你完全了解你的客户，你就可以在与他们交谈的时候把握好时机。

在《习惯的力量》一书中，作者查尔斯·都希格讲述了另一个关于企业了解客户秘密的有趣故事。一天，美国零售商塔吉特的两个市场部员工找到他们的一位统计员同事。他们问了他一个有趣的问题："你的电脑能知道哪些客户怀孕了吗，即使客户不想让我们知道？"正如都希格指出的那样，对零售商来说，初为父母的人是他们的圣杯。在这个世界上，从这些消费者身上最容易赚到钱，他们对产品有着各种需要，对价格也不敏感。

大多数人不会在一家商店买下他们需要的所有东西。他们在一家商店买杂货，在另一家商店买书，再找一家商店买衣服。但塔吉特销售百货，从食品、尿布到家具等各种商品应有尽有，这家商店一直在想方设法地让购物者相信，塔吉特是他们唯一需要的商店。零售商都很清楚，一旦购物者养成了根深蒂固的购买习惯，就很难改变了。但人的一生中也有一些短暂的时刻，可以很容易被说服改变习惯。比如，当生活发生重大变化时：毕业、结婚、有了新工作或生了孩子。

买新毛巾、床单、镀银餐具、平底锅和冷冻食品的人可能刚买了新房，或刚刚离婚。买杀虫剂、儿童内衣、手电筒和大量的电池意味着有人要去露营。花园软管、桶、车蜡和牛魔王牌车蜡可能意味着某人刚买了一辆新车。通过密切跟踪人们的购买习惯，零售分析师就可以预测购买者家里的情况。像大多数其他大型零售商一样，塔吉特通过多种方式跟踪顾客的购买习惯。如果购物者使用塔吉特发行的信用卡，使用邮寄到他们家里的优惠券购物，填写调查问卷或在网上购买任何东西，塔吉特的电脑就可以发出通知，而且，购物者还会获得顾客识别码。

刚当上父母的人疲惫不堪、不堪重负，他们更希望在一家商店里买所有能买到的东西。因此，他们的购物模式和品牌忠诚度是不断变化的。出生记录是公开的，一旦一对夫妇有了孩子，他们马上就会被各种特价、优惠券和婴儿用品广告狂轰滥炸。这就是全新的营销高度市场定向能力。一旦有了孩子这条消息被添加到你的数据档案，商店就将开始向你做相应的营销。所以，对一个营销人员来说，关键是在其他零售商甚至都不知道购物者即将生孩子的时候，就第一个接触到他们。时机很重要，一种只能在预产期前才可使用的产品优惠券一旦过期就毫无用处了。

怀孕四到六个月期间，大多数准妈妈都会改变购买习惯。塔吉特的营销人员知道，如果能在新妈妈们怀孕第四个月时开始向她们营销，就有很大的机会说服她们继续从店里购物。例如，塔吉特发现，准妈妈们在怀孕的头二十周内就开始大量购买无味的乳液，以及钙、镁和锌等营养品。她们购买额外的棉球和数量惊人的毛巾。塔吉特的员工能够识别出二十五种以上的产品，并对其进行分析，由此得出客户的"怀孕预测"分数。他们甚至可以根据购买的产品大致估计女性预产期，这使得塔吉特可以在顾客怀孕的各个阶段发送不同的优惠券和在线折扣信息。

塔吉特将该程序应用到其全国数据库中的每位普通女性购物者身上。他们很快就有了一份名单，上面列出了成千上万最有可能怀孕的女性，并开始向她们推销。即便这些女性中只有一小部分开始在塔吉特百货购买孕妇装，都将为该公司增加数百万美元的利润。

在塔吉特创建其怀孕预测模型大约一年后，一名男子走进明尼阿波利斯郊外的塔吉特商店，要求见经理。这个男人很生气，他还在上高中的十几岁的女儿竟然收到了塔吉特商店发送的孕婴优惠券。

这位父亲要求知道塔吉特是不是在试图鼓励他女儿怀孕，经理再三道歉。几天后，经理还是觉得不舒服，再次打电话给那个人道歉，但这次谈话的语气与第一次截然不同，那位父亲低调多了。

他和女儿谈过了，这才知道她的预产期在八月。

塔吉特比她的家人更早知道她怀孕了，而这都是基于她的购物模式。

这最终给塔吉特商店带来了一个有趣的问题，正如都希格所言，许多女性都很反感塔吉特商店"研究她们的生育状况"。因此，塔吉特不得不放慢其激光发射般的营销速度。现在，这家零售商给怀孕四到六个月的孕妇发送割草机、平底锅和尿布的广告，这样就让人感觉孕婴广告是偶然发送的了。

有时候你可能过于及时了。

脸谱网经历了一些挫折，用户注意到他们在帖子中提到想吃比萨后，比萨饼外卖的广告就出现在了他们的网络订阅中。脸谱网试图让用户放心，让他们相信并没有人看过他们的信息，其实这只是一个可以识别出"饥饿"和"比萨"等关键字的算法。

大数据和算法并非对所有广告商都适用，尤其是小广告商。但任何聪明的广告商都能创造出及时的信息，他们只需要拥有能看准机遇的眼光。1986 年，电影《壮志凌云》在影院上映，影迷们被一名叛逆的战斗机飞行员在南加州美国海军战斗机基地里受训的故事深深吸引。影星汤姆·克鲁斯在片中饰演一名绰号"独行侠"（人如其名）的飞行员，他试图让父亲的灵魂得到安息，赢得一个女孩的心，并与由方·基默扮演的对手"冰人"展开竞争。这部电影采用了一些最激动人心的航拍技术，拍摄 F-14"雄猫"战斗机以每小时一千多英里的速度进行惊险的战斗演习。这些空战加上酷帅的战斗机飞行员，让观众们兴奋不已，并使《壮志凌云》成了当年最卖座的电影。

这部电影的流行也为美国海军带来了一个非常有趣的营销策略。美国海军在电影放映的剧院里设立了征兵摊位。结果，申请加入海军的人数增加了一倍。但参军人数激增并不仅仅是因为这部电影的成功，还在于设立征兵摊位的时机，人们离开电影院心情激动，希望能和刚刚在荧幕上看到的战斗机飞行员一样酷，美国海军就是趁他们怀着这种心情时吸引他们入伍。时机决定一切。

聪明的营销不仅旨在提供信息和表现得与众不同，其目的还在于趁着消费者处于一种特定的心理状态时打动他们。人们有这种心态时，最易接受销售信息。时机其实就是让人们接受。每一次潜在的购买都有一个临界点。选择恰当的时间推出消息，触及最有效的点，就可以吸引人们购买。（稍后会详细介绍。）

最近，爽健公司在适当的时间投放了适当的广告。那是一款爽健公司推出的便鞋的广告海报，设计的目的在于让女性穿上这种不用系鞋带的便鞋，摆脱不舒服的高跟鞋。这家公司把海报贴在了舞厅的女洗手间里。海报的标题是："女士们，你们其实是穿高跟鞋穿累了，才来这里歇歇脚的吧？把高跟鞋脱下来，穿上爽健牌便鞋吧。"看到这句话的女性立刻就能明白广告的意思，大多数男人却领会不了。爽健公司知道，女人穿高跟鞋去夜总会一定觉得很不舒服。她们去卫生间，最主要的原因之一不是去方便，而是脱掉鞋子，让疼痛的双脚休息一下。卫生间的海报在恰当的时刻吸引了感觉极度不舒服的女人，如此一来，她们最容易接受来自爽健的安慰信息。

几天后在杂志上看到这样的信息，其影响与她们在俱乐部里看到，效果是完全不一样的。

现在来说一条我所了解的营销经验：时机就是说服力。

当你分析某人在考虑购买你的产品或服务所经历的购买周期时，考虑一下这个过程中的节拍。他们从什么时候开始查看产品？他们出于什么原因搜索那些东西？他们是怎么搜索的？他们在购买前会问的最重要的问题是什么？当他们在两个都不错的选择之间左右为难时，有什么办法能让他们做出对你有利的决定？探究这些问题，并在适当的时机发出带有这些问题的答案的营销信息，就能对你的利润产生很大的影响。大多数中小广告商只寻找有趣的广告信息，聪明的广告商则寻找有趣的时机。

不久前，好乐门蛋黄酱就利用了这些问题，在适当的时间把信息送到了消费者手中。好乐门与巴西的一家连锁超市合作，在一百多台收银机上安装了软件，可以识别出顾客购买了好乐门蛋黄酱。然后，值得一提的是，该软件很快就能根据客户手推车里的其他物品创建出一份食谱，而主要配料就是好乐门蛋黄酱。食谱就印在食品杂货收据上。

好乐门的配方收据在几个方面都很出色。首先，很多家庭仍然认为蛋黄酱只能用来做三明治，这就把好乐门蛋黄酱的用途限制在了午餐上。食谱则将蛋黄酱的使用范围扩展到了晚餐。其次，它利用了环境。顾客是在杂货店里，脑子里想的都是食物。最后，一切都与时机有关。问任何一位家长一天中最难做出的决定是什么，他们会立刻告诉你：晚饭做什么吃。就在他们为这个问题苦苦挣扎的时候，好乐门为顾客提供了一个定制的解决方案，使用的是他们购物车里已有的原料。所以，如果你买了二十样东西，碰巧包括鸡肉、欧芹、咖喱粉和好乐门蛋黄酱，你的收据会告诉你如何准备一顿美味的咖喱鸡当晚餐。

配方，配料，烹饪指南。收银台旁的店内招牌上写着："只要你的购物车里有好乐门蛋黄酱，你的收据上就会有一个惊喜。"

好乐门的销售额仅在第一个月就增长了44%。这就是完美时机带来的好结果，将正确的信息呈现给当时能接受该信息的人。正如我提到的，这对好乐门和顾客来说是双赢，顾客也把蛋黄酱定位为晚餐的解决方案，让它不再只是做午餐时用。

在适当的时机宣传，有很多好处。

不久前，瑞典广告公司福斯曼＆波登福斯在一位保险客户的赞助下，开发了一款名为减速GPS①的应用程序。大多数司机开车都有精神恍惚的时候，会无意识地加速。减速GPS和其他语音导航应用程序差不多，但有一个关键的区别。当你开车经过学校、托儿所或其他有孩子玩耍的地方时，这款程序常规的导航声音会立即变成孩子的声音。正如该广告公司所说，我们都关心孩子。在导航过程中突然听到孩子的声音会让你敏锐地意识到自己的速度，注意力也随之敏锐起来。

这就是在适当的时间发出适当的信息。

几年前，我们与零售商哈得孙湾百货公司合作，为他们制作圣诞广播广告。每年从11月底开始到圣诞节前夕，哈得孙湾百货总裁邦尼·布鲁克斯每天都录制一则广告。每则广告宣传的都是当天

---

① 即全球定位系统。——译者注

的促销活动，邦尼则会介绍促销产品及其十二小时特价。我是音乐雷达应用程序的粉丝，无论你听了什么歌，只要把手机对准播放源，这款很棒的应用程序都可以告诉你歌名是什么。该应用程序检测嵌入的代码，然后检索标题、歌手、专辑、歌词、音乐视频等。有一天，我想知道它是否也能检测出广告。于是，我们打电话给音乐雷达，询问应用程序能否与零售电台广告配合使用。音乐雷达的开发者称以前从没这样做过，但应用程序应该可以识别出。果然，音乐雷达想出了一个编码广告的方法。他们的想法是，当哈得孙湾百货的广播广告播出时，邦尼可以在一开始就告诉听众打开他们的音乐雷达应用程序。打开之后，人们立即就可以看到邦尼说的商品。

这为广播带来了一种突破，因为这是你第一次可以看到广播广告中的产品。这是非常有说服力的，因为许多零售商的时装有各种颜色和质地。不仅如此，你还可以通过智能手机上的链接购买这些商品，打开这个链接，就能登录哈得孙湾百货的网站。这一切都是因为我们以一种新方式，看待智能手机上熟悉的音乐雷达应用程序。

当奥巴马总统于2009年1月20日首次宣誓就职时，英国《每日电讯报》在其头版报道了此事。第四页的底部有一大幅广告，上面写着："再见，布什①。"这则广告宣传的是薇婷脱毛膏。

我敢打赌，肯定不是薇婷要求广告公司发布这样一条告别"布什"时代的广告，更有可能是广告公司的人发现了这个适当的时机。利用这样的时机，关键在于你必须用新的眼光看世界，并且要机智

---

① Bush一词意为灌木丛，美国前总统乔治·布什的姓氏是这个词的音译。文中的广告"再见，布什"一语双关，既是向前总统布什告别，也是暗指使用薇婷脱毛膏可以去掉如同灌木丛一样浓密的毛发。——译者注

灵活。换句话说，你必须做好计划，以防发生计划外的情况。你有无数的场合可以给你的客户带来惊喜和愉悦。对于大多数这样的时机，花费都很便宜。你只需要投入创造力而不是钱。这意味着你要随时注意是否有时机，将看似不相关的事物（薇婷脱毛膏和奥巴马）之间的点连接起来，并通过一个新的滤镜看世界。

以天气预报为例。2013 年 2 月初，一场猛烈的冬季暴风雪席卷了美国东海岸，天气预报员称其为"尼莫"。这期间，星巴克决定与他们在社交媒体上的粉丝保持联系，并随时了解即将到来的暴风雪的情况。这家咖啡公司定位了降雪量最大的地区，并在推特网和脸谱网上发布了"雪天"主题的广告，建议人们喝杯热咖啡，享受被迫休假的一天。随后，在天气恶劣、当地星巴克门店不得不关门歇业的地方，该公司将免费咖啡券赠送给顾客，等门店重新营业时，顾客就可以使用这些免费咖啡券。换句话说，广告与暴风雪的发展保持同步。这是一个小小的姿态，但时机的选择让它出乎意料，非常受欢迎。

维珍航空是我最喜欢的营销机构之一，因为他们可以大胆地传达营销信息。毫无疑问，这种敢拼敢干的态度直接源自其大胆的创始人理查德·布兰森。维珍航空尤其擅长创造独特的营销信息，并用令人难忘的方式实行，对一家财力雄厚的大型上市公司来说，他们很多营销创意的成本其实都低得惊人。

例如，在一次推行营销的过程中，维珍航空想告诉旅客，他们比其他航空公司提供更大的伸腿空间。维珍航空完全可以通过各种各样的广告，以各种可预测的方式来宣传这一点，但那不是维珍航空的风格。相反，当男人们走进某些机场的洗手间时，他们看到墙上有一个小便池，距离地面大约七英尺。小便池下有一个红色小牌子，上面写着："需要额外的伸腿空间吗？那就坐维珍航空的飞机吧。"这样的广告是多么便宜、多么有趣，又是多么叫人难忘。他们选择了一个绝妙的时机。乘客在经历了一段漫长而拥挤的飞行后，马上要去的地方是哪里？答案是第一个能找到的洗手间。在那里，他们会特别容易接受这个营销信息。

在另一个推行广告的案例中，维珍航空想告诉旅客，他们比其他航空公司更注意对行李的安置。所以，在行李传送带处，当人们等着取手提箱时，一箱箱的鸡蛋从滑道上滑了出来。没有一个鸡蛋是破的，每个鸡蛋包装箱上都贴着红色贴纸，上面写着"由维珍航空公司处理"。这么出乎意料，这么便宜，时机又是这么恰到好处。我们都站在传送带前，不只是等着取行李箱，还要看看我们的行李在旅途中是否受到了损坏。当旅客等着看自己的行李箱是否完好的时候，维珍以一种出乎意料的方式与他们交流。这就是在适当的时间向适当的人传递适当的营销信息。

有人说，社交媒体出现了，周末却不见了。人们一直都在工作。但社交媒体二十四小时无休的特点给营销人员提供了巨大的机会，因为你现在可以立即做出反应。每年最盛大的体育赛事超级碗大赛充满了机会。2012年超级碗赛事期间，可口可乐创办了一个以其著名的动画吉祥物北极熊为特色的网站。同时开着电脑和电视的观众惊奇地看到了北极熊对超级碗比赛做出的实时反应。触地得分时，北极熊欢呼；失球时，北极熊呻吟。最有趣的是当百事可乐的广告播放时，可口可乐的北极熊们都睡着了。这一切都是实时的。

但2013年的超级碗实时反应的风险提高了。比赛进入第三十分钟的时候，位于新奥尔良的奔驰超级巨蛋体育场的灯光突然熄灭。这次断电导致比赛暂停了三十四分钟，推特网上每分钟新增的帖子数超过了二十三万条。但在观众等待电力恢复的时候，一些聪明的品牌利用了这个小机会。短短几分钟内，奥利奥饼干就发了一条诙谐的推文，上面写道："你仍然可以在黑暗中泡奥利奥。"还附上了一张奥利奥饼干在半明半暗的阴影中的漂亮照片。

奥利奥怎么这么快就做出了反应，还拍了一张很有艺术感的照片？奥利奥花了四百万美元在超级碗播出了新电视广告。他们将十四名主要营销人员聚集在一个房间里，以监控社交媒体对其新广告的反应。停电后不久，奥利奥创意团队就想出了发推文的主意，并将其推介给奥利奥营销团队，在等待了几分钟以确保停电不是恐怖袭击之后，他们的创意立即得到了批准。换句话说，构思创意和批准创意的人都在同一个会议室里。"你仍然可以在黑暗中泡奥利奥"这条消息博得了粉丝们的喝彩，转发一万五千多次，脸谱网上的点赞数超过一万九千，而这仅仅是发推文后头一个小时里的成绩。伴随着超级碗的广告烟雾，奥利奥的实时推特成了当天的大新闻。这件事至今仍然被视为里程碑，许多营销人员现在都把实时营销称为"奥利奥营销"。

一名营销人员后来这样问：你还记得奥利奥在超级碗上做的价值四百万美元的电视广告吗？也许不记得了，但数百万人都记住了那条推文。

这证明要吸引人们的注意，其实并不需要花很多钱。你需要的只是创造力、一点点的好品位和快速行动的意愿。在超级碗比赛停电期间，许多其他广告商也迅速做出了反应，尽管他们没有很棒的奥利奥式的照片。汰渍清洁剂在推特网上发了这样一条信息："我们解决不了停电，但可以消灭你的污渍。"奥迪在推特网上挖苦竞争对手奔驰："现在就给奔驰超级巨蛋体育场送一些 LED 灯吧。"美国公共广播公司发出了一个非常顽皮的提醒："停电了，要是你很无聊，那么本台正在播放《唐顿庄园》。"

所有这些都很有趣、聪明，也很及时。但奥利奥占尽了风头，他们的推文不只是一个全面的回应，还非常机智，并且配了一张很有艺术感的照片。这些都是在停电的几分钟内完成的。

2014 年超级碗比赛期间，零售商杰西潘尼开始发送看上去难以辨认的推文。就好像推文是由一个喝醉了的人写的一样。第一条推文是这样的："谁只岛这思一场磅秋闭塞。①"大约一小时后，杰西潘尼在推特上写道："触地德分瓦拉斯！！ 西压土会讨炮吗？？ ②"有人回复说："杰西潘尼，回家吧，你喝醉了。"很快，各种品牌开始蜂拥而至。银子弹啤酒是这么回复的："@ 杰西潘尼，我们知道橄榄球和银子弹啤酒很配，但请负责任地发推特。"星期五连锁餐厅也发了一条推文："回家吧，@ 杰西潘尼。你被隔绝了。"也许最有趣的是士力架，它让杰西潘尼"吃一块士力架，你一饿，你就不是你了"。

事实证明，这是杰西潘尼推出的一个绝妙的推特网营销策略。这家零售商最终在推特上发了一条推文，附上了一张它正在推广的新款连指手套的照片。随附的文字说："哎呀……抱歉我打错了。我们是 # 戴着手套发推特 #。不是应该更冷些吗？看比赛愉快！"

聪明、简单、引人注目。正如《广告时代》杂志后来所说，事

① 原意应为："谁知道这是一场棒球比赛？"
② 原意应为："海鹰队触地得分！西雅图会逃跑吗？"

实证明，杰西潘尼的推文是那年超级碗比赛中最令人兴奋的实时营销。这家零售商面向一次大型活动的观众，发布了一个话题标签，还想出了一个聪明的主意推广他们的连指手套，所有这些都在推特网 140 个字符的严格限制之内。当其他品牌也来评论时，也就是提高了杰西潘尼的话题标签的知名度，这家零售商有效地利用了其他公司的推特力量来为其服务。然后，杰西潘尼坐了下来，耐心地等待公布手套促销的那一刻。他们这么做没有花钱，只是投入了创造力。而且，他们做这些都是实时的。

几个月前，在实时广告这个方面，强大的奥利奥在与 AMC 影院对决时略逊一筹，吸取了不少经验教训。奥利奥在推特上提出了一个问题："你有没有带奥利奥饼干进过电影院？"不到八分钟，这家连锁影院就在推特上回复说："带饼干，一点也不酷。"和大多数影院一样，AMC 影院也禁止携带食物和饮料入内。成千上万的人在推特上见证了这场交流。很快，转发量达到了五百条，新闻机构也做了报道。转发量超过了一千次。AMC 影院的机智反驳广受赞誉，他们在推特上原有 13.6 万名粉丝，就因为这条推文，他们的粉丝数涨了 3.4 万。影院的快速实时反应最终为公司带来了比许多高投资广告更好的宣传效果。

就在奥利奥和 AMC 影院对决之前，塔可钟快餐和老香料沐浴品牌在推特网上展开了一场实时大战。2012 年 7 月的一天，老香料发表了一条推文："为什么'火酱'不是用真正的火做的？好像是虚假广告。"几分钟后，火酱的制造商塔可钟回复了一条搞笑的推文，问道："你的除臭剂真的是用老香料做的吗？"这一次也是有成千上万的人看到了这一有趣的实时冲突，这两家公司吸引了很多自媒体对此事进行报道。

公众已经习惯了高度精雕细琢、近距离的广告，各个品牌反应闪电般迅速、行为机敏，自然会引起很大的关注。这也让人们了解了很多关于这些公司的信息。他们都很清楚这一点。有人在监控他们的社交媒体动态。他们掌握着自己的信息，并且会凭借恰到好处的机智和克制来发送推文。

我们不要忘记，除监控需要时间之外，这种类型的营销不需要任何成本。没有昂贵的媒体广告，没有生产成本。唯一的警告就是要小心做出反应。很多聪明的品牌想要发表与实事有关的推特信息，却马失前蹄，这样的故事不在少数。在飓风桑迪登陆期间，数千人失去了家园，有些人甚至被夺去了生命，一个家居装饰零售商发表了这样一篇推文："像飓风一样登录我们的网站吧，在付款时输入桑迪，就可以享受免费送货。"这件事是得到了很多媒体的关注，但这可不是什么正面的例子。

在"阿拉伯之春"期间，鞋类零售商肯尼斯·科尔在推特网上发了一个不敏感的笑话："开罗有数百万人陷入骚乱。据说他们是听说了我们的新春季系列现在可以在网上买到。"该品牌迅速删除了这条推文并道了歉。底线在哪里，可谓十分清楚。不要把社会不幸事件作为推销自己的机会。没有例外。

但通过合理的品位，营销人员甚至可以通过限制字数的推特网推文、脸谱网的帖子或照片墙上的一张独特的照片获得关注。关键是要有趣，要出其不意，要做得很聪明，或者分享一些观众真正感兴趣的信息。内容并不一定总是要关于你的生意，只要提起相关且共同感兴趣的信息即可。还有一件事很重要，那就是你的信息必须保持一致（还记得"烤肉串"理论吗？），发布频率要合理。经常发布好的内容能吸引听众。是的，这需要努力，但你很快就会发现在脸谱网上发帖和发推文实际上是一种乐趣，而不是一项任务。

例如，如果你在推特网或照片墙上关注了《影响之下》这个节目，你会看到一个不拘一格的组合：节目推广、有趣的花絮、有趣信息的分享和转发，以及与听众之间的真实对话。记住，这是社交媒体，而不是销售媒体，不是供你强行推销的地方。它们是一个通过共享信息来吸引注意力的空间。这是一个微妙的平衡之举。就像一部好电影会把情节点伪装成故事一样，你的帖子应该多介绍你自己，但不要直接谈到你自己。你发布的帖子要可以透露内情。你转发的评论也会对你产生影响。你的品位和足智多谋都将充分地在这些地方展示出来。要让这些手段为你所用。

社交媒体的实时性非常强，你可以利用突发新闻、现场体育赛事、特殊时间、天气、最新的风尚、偶然的见闻等等。2009 年，乔治·布什和比尔·克林顿来到多伦多，在一个活动上发表了演讲，我也参加了那个活动，并在他们演讲期间发了推特。有消息说我在现场发推特（布什真的很搞笑，人们知道之后都很震惊），那天我涨了很多粉丝。这有点像我在推特网上的初次亮相派对。推特网的美妙之处在于，你甚至不需要有很多粉丝，因为只要通过使用话题标签，你就能及时地加入一个话题。更重要的是，你可以在社交媒体上淘金。尝试看看什么效果最好，什么最受关注、转发最多、关注最多。在过去，市场营销不可能这么快进行修改。一个平面广告需要一个月的准备时间，一则电视广告可能需要两周来修改，一条广播广告至少需要几天，但发一条推文只需要几分钟。照片墙上的帖子立刻就能得到反馈。这对营销人员来说是一个巨大的好处，尤其是那些只有很少预算的营销人员。

　　个人社交媒体账号和公司账号各有一个，是个好主意。要把这两个账号分开，你的公司账户应该与你的品牌保持一致。两个肉串上都应该有肉，但是两者的配料可能不同。（你的个人品牌仍然和你的企业品牌一样重要——这一点稍后再说。）

　　紧跟实事进行营销就像添加了燃料。是的，你的信息很有趣，但是当你抓住了一个实时的机会，你的信息就不是会走，而是会飞了。

　　将社交媒体营销视为一个受欢迎的助推手段，朝着正确的方向前进吧。

逐一解决决策障碍

小小助推作用大

§

§

　　荷兰阿姆斯特丹机场想要解决男卫生间里一个长期存在的问题，也就是尿在便池外。于是，他们把一只家蝇的图像蚀刻到下水道附近的小便池里。尿到便池外面的情况减少了80%。

　　这个办法为什么管用？因为男人就是喜欢瞄准东西，而家蝇就是一个靶子。这是改变他们行为的一个助推。"助推"是行为经济学中一个相对较新的概念。尽管广告行业数十年来一直在认真研究如何影响人们的行为，但在运用微妙影响的这个方面，他们最近才有重大进展。行为经济学的经典定义是，温和地引导人们做出某些决定，同时仍让他们有选择的自由。让他们迈出一小步，从而引导他们迈出更大的一步。这种温和的引导是基于决策背后的社会和情感因素。换句话说，这个概念是经济学和心理学的交集。

　　在我的广播系列节目《色彩方案》中，我在一集里谈到了色彩如何温和地影响人们的购买决定。在另一篇名为《减速带》的文章中，我探讨了如何通过增加步骤来减缓而不是加快购买进程，从而带来更大规模的销售。

　　但是，使用助推则有所不同。

　　消费者在做决定时并不总是理性的。即使有好的选择，他们也经常做出糟糕的决定。在很多情况下，问题的形成方式可能使决策向更好的方向发展，这就是为什么行为经济学也被称为"选择架构"，它是为了引导人们达到特定结果而精心设计的选择。行为科学教授理查德·塞勒和卡斯·桑斯坦在一本有趣的作品中首次提出了"助推"一词。他们讲述的故事不仅影响了营销人员、学校和慈善机构，还影响了至少两个国家的政府。

在英国，政府试图鼓励屋主给阁楼安装隔热设施，以防止热量流失，从而节省能源成本。作为这个活动的一部分，政府提出了令人信服的经济论点，以说服公众进行隔热。除此之外，政府还提供了慷慨的货币激励和补贴。可惜，这些措施都毫无效果。

公众似乎对阁楼隔热和省钱没有兴趣。这让政府大惑不解。但政府做了深入了解，偶然发现了公众不合作的原因。英国的房主们显然只是不想清理阁楼上的垃圾，为安装隔热材料腾出空间。在英国，阁楼是储藏空间，光是想想清理阁楼里的杂物，就足以让人们放弃节省能源的隔热措施。政府找到了障碍所在，就着手找出了一个有趣的解决方案。政府与当地一家家装公司合作，提供价格非常实惠的阁楼清洁服务。就这样，接受为阁楼做隔热的人数也随之增加。清洁阁楼的服务是一种"助推"，为的是让人们去做更重要的事，即阁楼隔热。

英国政府很快开始试验其他的助推措施。例如，通过实验，英国政府发现欠缴税款的人对手写通知的反应远远大于机打通知。是因为手写通知暗示有真人在监视他们，还是因为他们觉得手写通知礼貌，所以他们才会做出反应？这很难说，但手写通知就是一个很有用的助推。研究发现，欠缴英国公路税的人收到一封附有他们汽车照片的信时，更有可能做出回应。个性化的照片就是助推因素。

英国前首相戴维·卡梅伦看到助推效果显著，便欣然接受了这一概念，并成立了一个官方的助推小组，英国因此成了第一个将助推作为国家层面主流变革战略的国家。他坚信，助推不仅可以让人们做出更好的决定，还可以帮助政府以更低的成本完成更多的事情。当小规模的助推扩大到覆盖数百万人的规模，其影响可能是巨大的。正如一位部长所说，想象一下，如果政府能够通过使用助推，每年将它所做的事的成果提高 5%、10% 或 15%，那会怎么样。由此产生的收入或节约的成本几乎可以解决预算问题，并在经济紧缩时期为国家解一时之急。

卡梅伦意识到了巨大的机会，于是将助推小组的规模扩大了一倍，不仅吸引其他政府部门渴望与之合作，也吸引了其他国家。美国政府也成立了助推小组。

适时地助推是营销的一个复杂方面，通常是大广告商的独有领域。但是，如果你重新调整思维来寻找机会，中小型企业的市场营销人员也可以利用助推这个办法。人们不买东西的原因有很多，即使他们一直在购物的边缘徘徊。我经常说，如果经销商再给我打一次电话，我就会买下那辆车，或者那家商店免费赠送音箱线，我就会买那台立体声音响。还有，如果售货员多花五分钟向我介绍，我会买两件衬衫而不是一件。网上商店都会监控废弃的购物车。

我相信，就是因为少了一个小小的助推，数以百万计的购买都没有达成。设计一个有效的助推，关键在于消除阻碍购买的因素。是什么阻止客户做出决定？阻止购买的隐藏原因是什么？

我最近租车时，柜台的工作人员问我想不想购买额外的汽车保险，我说不买。然后，他就让我勾选两个选项。一个选项是我拒绝了保险，另一个选项是："我拒绝了内心的平静。"这就是一个助推。这个助推虽然不太高明，但还是一个助推。我们都见过咖啡馆里的小费罐，里面很少有装满硬币的时候。但最近，在一家特别的咖啡店里，员工们想出了一个克服付小费惰性的完美助推办法。收银台旁边放着两个小费罐，旁边有个牌子，上面写着："哪种性别最慷慨呢？"一个罐子上写着"男人"，另一个罐子上写着"女人"。这一招很妙，这个挑战促使人们付出比平时更多的小费，付小费的次数也多了起来，无论起作用的是与生俱来的性别竞争，还是因为你不支持你的性别而引发的轻微的羞耻感。我怀疑他们每隔几小时就要将罐子里的小费清空一次。这里的障碍就是不给小费。人们可能觉得他们已经花了很多钱买昂贵的咖啡，所以就对无处不在的小费罐视而不见。但这一简单的助推改变了他们的行为。这很有趣，也很出乎意料。

最近，纽约的一些餐馆在他们的平板电脑和移动支付机上增加了数字小费支付功能。对许多人来说，计算小费是令人沮丧的。研究表明，如果你能减少计算小费所需要的脑力劳动，你得到小费的机会就会增加。因此，许多企业给客户提供了三种数字选择。第一种为"基本"，也就是给15%的小费。第二种为"更多"，自动支付18%。第三个是"最佳"，也就是给20%的小费。

这三个助推出现后，给小费的人就多了起来，就像在前文提到的咖啡店里一样，这一助推带来了比以前更多的小费。如果仅凭一个简单的助推，你就可以增加10%~15%的额外收入呢？如果你能把这个数字提高到25%呢？这是有可能的。

你周围有很多有利可图的助推，你不得不习惯注意到它们的存在。你曾经在酒吧里享受过免费的咸坚果吗？猜猜这种助推的目的是什么？在杂货店里，商家通常把一顿饭所需的所有食材放在一起，因为在一个方便接触的地方看到这些食材，对时间紧迫的购物者来说是一种激励。65%的购物都是计划外的，因此，零售商会在收银台前悬挂一些方便拿到的小玩意儿和糖果。他们知道你在排队时什么都不能做，只能盯着货架，而让你在结账之前买一件高利润的商品，就是一种助推。由于大多数购买行为都是冲动的，你可以想象这种策略在杂货店和五金店是多么成功。

心理学家兼作家丹·艾瑞里谈到了一个助推办法在器官捐献这件事上的影响力。在丹麦，有4.25%的人愿意捐献器官。然而在瑞典，85.9%的人都选择参加器官捐献。荷兰的这个比例为27.5%，比利时为98%，奥地利实际上达到了99.98%。为什么相似的国家之间却存在这么大的差异？这都取决于捐献表单的设计式样。在捐献率极低的国家，表格上有一个复选框让你来选择参加。在捐献率极高的国家，表格会给你一个复选框，让你选择退出。人们几乎总是默认选择最简单的选项，即不选任何选框。因此，带有"选择加入"框的表单就不会有人勾选，而带有"选择退出"框的表单也不会有人勾选。这是一个完美的助推，因为要选择退出，人们还得动手勾画。

多数人在各种设备和部件上都坚持使用默认位置，比如，智能手机和电脑。改变它们需要花费很大力气。有一次，我和一个朋友聊天，我们两个开的是同一款车。当时是冬天，我用遥控器从家里启动了我的车。他说他也用遥控启动器，但遥控器唯一的问题是不能同时打开加热器。我告诉他其实是可以的，他从仪表盘菜单里就能找到这个功能。我看到他两眼发直，于是我马上知道，在他卖掉那辆车之前，遥控装置的功能将一直处于默认状态。

人们往往怕麻烦，了解到这一点，选择架构师就会小心地将理想选项设置为默认选项。这是一种深刻的见解。你可以将某个选项指定为默认位置，借此引导人们做出这种选择。想一下你的生意。内置默认设置是什么？这些选择对你的企业有益吗？如果没有，是否可以重新编制默认设置？

你可以在慈善捐款表格中看到类似的助推。通常，你会有三种捐赠选择。第一个很少，假设是十美元，第二种大概是五十美元，第三种很高，假设是二百五十美元。这里的策略就是金发姑娘原则。慈善机构知道你不会捐十美元，毕竟捐一笔款，十美元也太少了；该组织也不会盼着收到二百五十美元的捐款。然而，这个金额是有战略意义的，可以让你的眉毛向上挑一点。如此一来，他们就把你助推到了五十美元这个选项。他们想要的捐款额就是五十美元。不要太多，也不要太少，而是刚刚好。

慈善机构从事捐赠活动已经有很长一段时间了，它们对人类本性有着敏锐的观察，明确地分辨出捐款的障碍。如果让人们自由选择，那他们只会寄来二十美元。当规模扩大时，这个数额可能无法满足慈善机构的需求。所以他们做了计算，确定他们需要五十美元捐款来维持他们的善举。那么，如何吸引更多的五十美元捐款呢？答案是控制决策过程。向左助推，然后向右，将人们手里的笔引导到中间，这又是一次识别障碍的练习。是什么影响了你的销售业绩？

弗吉尼亚州的一家杂货店想增加水果和蔬菜的销量，这一方面是因为他们希望消费者做出更健康的决定，另一方面是因为农产品的保质期非常短。商店想找个助推办法，于是想出了一个主意。他们在每个购物车上都绑了一条黄色的带子，把购物车分成两半。手推购物车上的一个标志写明要购物者把水果和蔬菜放在购物车的前半部分，其他的都放在后半部分。当人们买完杂货后，发现放在购物车前半部分的水果和蔬菜与放在购物车后半部分的不太健康的食物相比少之又少时，他们震惊了。

农产品销售增长了102%。分界线的视觉效果就是助推。

另一家杂货店将绿色的大箭头放在地板上，指引购物者径直走向农产品区。每十个购物者中有九个会跟着箭头走。在另一项助推实验中，购物车上贴着一张光滑的卡片，告诉购物者其他大多数购物者买的是哪一种农产品，哪五种水果或蔬菜卖得最好。人是群居动物，喜欢从众，所以农产品的销售额在第二周就增长了10%。这家店对此结果印象深刻，于是开始在其146家分店的其余店铺里复制这个助推办法。有趣的是，这家杂货店发现，尽管农产品的销售额上升了，但总销售额保持不变。换句话说，人们把他们的偏好转移到商店的另一边，但花的钱仍然不变。因此，这家店并没有因为助推而减少收入，而是引导顾客购买更健康的食物。

但助推是一门微妙的艺术。在地上铺设绿箭头以及在手推购物车上添加信息卡的商店发现农产品的销量下降，于是轻轻地助推变成了猛推。"助推"这个词的意思是轻轻一推。是人们可以选择实行或者不实行的小选择。如果人们感觉到自己被推着走，或者他们感觉市场营销人员的手在他们背后，他们不会回应，这意味着你可能需要做一些实验来找到正确的助推方法，这也意味着你必须挖掘出答案。

真知灼见绝不是第一层次的思想。我心目中的广告文案英雄詹姆斯·韦伯·扬曾经说过："电影和广告中的夸张不是因为欺骗，而是因为缺乏捕捉真实信息的技巧。广告人和电影制作人过于注重他们职业的表层。他们需要的是把根扎入生命的底层土壤。"非常正确。

最好的市场营销人员做事都是经过深思熟虑的，善于观察，而且一向深入到底层土壤。最肥沃的土地就在那里，完美的助推可能就在那片土壤下面几英寸的地方。你想弄清楚障碍在哪里，那就和你的客户谈谈。与那些不买你的产品或不用你提供的服务的人好好谈一谈。永远不要假设你知道答案。因为十有八九你是错的。我参加过数百个焦点小组讨论，自以为是地认为我知道障碍是什么，但在大多数情况下，我都错了。真正的障碍要么完全与我的预料不一样，要么比我预料的还要严重或轻微。事实上，这个障碍非常小，以至于我们认为根本不存在这个可能，进而不予考虑。然而，当这个障碍被确认并移除时，生意的闸门就打开了。

现在来说一条我的营销之道：在做研究的时候，你也必须像瑞士一样完全中立，不要让你的偏见干扰了反馈结果。如果你的公司有人在影响研究结果，就让他们离开。让你的客户告诉你问题所在，让障碍自己显露出来。

成功的营销者总是对他们的客户和竞争对手充满好奇。沃尔玛创始人山姆·沃尔顿每周六上午都召集五百名高管开会。会议有两个目的：第一，逐个检查销售渠道，第二，讨论竞争对手在做什么。沃尔顿希望他的经理们经常光顾竞争对手的商店。他一直对竞争对手的运作方式感到好奇，想知道沃尔玛应该意识到什么，或者应该模仿什么。他对不起作用的东西不感兴趣，因为那不会伤害他。当一个经理第一次见到沃尔顿时，他说沃尔顿"取走了你所有的信息"。这就是他的好奇心。

理解你的客户应该是一个永无止境的旅程。在你的生意中，你应该经常得到客户的反馈。只有用这个办法，才能从客户的角度来观察怎么做有好效果，才能识别出问题所在，从问题中找出助推的可能性。

政治选举可谓压缩的营销活动，是助推的完美环境。莎莎·伊森伯格在其引人入胜的著作《胜利实验室》中谈到，各个政党正开始使用助推的办法来消除障碍。

他做了一个非常有趣的观察：选民很少犹豫不决。这与许多对政治的传统看法正好相反。我注意到，多年来，在我参与的加拿大选举广告中，有很多都花了很大力气去影响摇摆不定的选民。但是，伊森伯格表示，赢得选举的真正关键在于动员你现有的支持者。很大比例的人都是不经常投票的选民，这意味着他们支持某个候选人，但在选举日不会去投票站投票。这些待在家里的支持者可以轻易地左右选举，某些助推措施在克服这种惰性状况方面取得了巨大成功。

1998年，康涅狄格州的选民们收到了三种不同的"投票动员"提示。25%的人收到的是明信片，25%的人接到了呼叫中心的电话，25%的人有志愿者上门。其余的25%的人作为对照组，没有得到任何动员。电话没有产生真正的影响，明信片收效不大，但志愿者上门得到了强烈的反响。有真实的人问你是否打算投票，就是促使人们承诺投票的助推，这也证明了在选举中催票是必不可少的。

在另一个实验中，一个政治家给人们寄了一封正式的信，信中说："我看到你三年前参加了投票，我希望能再次看到你行使公民权利，我希望在这次选举后我能再寄给你一封感谢信。"这封信把很多人带到了投票站。另一场选举使用了羞辱策略。人们收到了一封信，上面写着："这是你的投票历史，这是你邻居的投票历史。你打算在这次选举中投票吗？"这个助推使得投票率增加了 20% 以上。到目前为止，这次选举的响应率是所有助推中最高的，还导致了一些死亡威胁。

有时候可能效率太高了。

奥巴马团队明白让他的支持者去投票站投票的重要性，并在全国各地立了公告牌，上面写着三个问题：

1. 你知道什么时候开始投票吗？

2. 你知道去哪里投票吗？

3. 你知道怎么去吗？

公告牌上有一个网址：barackobama.com/MakeAPlan。选民在浏览器中输入该链接，网站就会帮助他们回答所有三个问题。据估计，仅靠那块广告牌助推，奥巴马就多获得了超过 10% 的选票。

即使助推需要花一点钱才能实施，也不要害怕。明智的助推就像良好的客户服务，不花钱，却能赚钱。

以印度为例，在 2009 年后的经济放缓期间，豪华酒店里的高档客房入住率很低。就像航空公司的座位和广播广告位一样，酒店房间在每天结束的时候都是一件容易变质的商品。因此，一家酒店决定增加一些助推。他们延长退房时间，提供机场的豪华轿车接送、免费上网和戴着白手套的管家服务。这些微小的好处几乎不需要酒店付出任何成本，但酒店比去年同期多售出了 3.5 万间客房。更重要的是，虽然收入只增长了10%，但净利润增长了145%。

小小的助推可以产生很大的回报。

助推的一个关键方面在于让助推的措辞或图片恰到好处。约翰·卡普斯可能是20世纪最好的直邮广告文案撰稿人，他生活在1900年到1990年间。在大数据时代之前，卡普斯有他自己的算法。他不断修改措辞，销售受到的影响立竿见影，因为直接邮件意味着直接结果。如果发送了五千封直接邮件，并有八百人回复，那卡普斯就能清楚地知道回报率，而且一点不差。为了强调这一点，他曾在一篇文章的标题中将"维修"一词替换为"修复"。在这一个词的助推下，回复率跃升了200%。"维修"听起来像工作，"修复"听起来则像解决方案。几十年后，一个早期的网站将"注册"改为"继续"，销售额增长了45%。

语言先于行为带来改变。

词语有不同的含义。"深刻"和"高深"这两个词都可以用来形容见解，但在我看来，这两个词给读者的感觉略有不同。深刻的见解意味着经由广泛的研究而产生的理解，而高深的见解意味着一种入木三分且发自内心的顿悟，是不可否认的，是绝对的。同样地，"影响"和"结果"这两个词也可以用来描述销售，但它们的温度不同。销售影响表示数字受到了这样或那样的影响，但销售结果通常位于加号栏中。

一家意大利电信公司修改了措辞以留住客户。他们为打电话取消服务的顾客提供一百个免费电话，希望免费电话的诱惑能改变他们的想法，但这个办法收效不温不火。因此，该公司使用了一个助推策略，将措辞改为："我们已经为您的账户提供了一百个免费电话，您要如何使用这些电话？"只是改变了一个词，这家企业就说服了一大部分人继续使用他们的服务。加上"已经为您的账户提供了"这几个字，就让人们觉得他们"拥有"了自由通话的时间，所以他们不想放弃。这一小小的助推可能就为电信公司免除了数百万美元的损失。

民意调查专家弗兰克·伦茨也对人性有着深入的观察。在他的著作《有效沟通》中，他讲述了这样一个故事：当拉斯维加斯需要向立法者展示一个更有品位的形象时，他们慢慢地将"赌博"一词改为"博弈"。这个微妙的助推表示一种干净纯粹的乐趣，而不是有组织的犯罪和赌瘾。赌博是一种恶习，博弈却是娱乐。

当美国政府无法获得增加福利支出的支持时，政府便转而称这是"向穷人提供援助"，这是一种语言上的助推，暗示的是善行，而不是施舍。多年来，饮料业改变了它的语言，"烈酒"一词演变成了"美酒"，"喝得酩酊大醉"这个说法消失了。"美酒"代表着心情愉快，蕴含着碰杯和愉快的社交。

当然，助推并不仅局限于言辞。泰勒和桑斯坦讲述了加州一个城市的故事。他们在该市居民的电费账单上列出了一个准确的读数，这个数字显示的是附近家庭的平均用电量。他们这么做是希望当人们发现自己比邻居消耗更多能源时，能少用一些电。这个办法奏效了，但一个意想不到的问题出现了——高于平均水平的电量用户显著降低了能耗，低于平均水平的能源用户却用了更多的电，达到了平均水平。

这个问题的解决方法是使用表情符号而不是数字平均值。你消耗的能量超过平均水平，你就会得到一个皱眉的表情符号。你的使用量在平均水平，或低于平均量，就会收到一个微笑的表情符号。不再有数字，只有表情符号。结果，用电量大的用户减少了能源消耗，但更重要的是，低于平均水平的用户增加消耗的问题完全消失了。这些表情符号就像小学生家庭作业上的金星，是最完美的助推。

选择架构的一个真理是，决策的风险越高，人们就越容易接受助推。比如我们经常为我们的汽车购买汽油，这方面的助推就很难实施。但我们并不擅长做重大的财务决策，因为我们没有足够的机会去实践这些选择。因此，抵押贷款的助推，就像免费估值或免费法律咨询一样，可能会产生巨大的影响。教育也是如此。

我们通常一生中只会做一次有关上大学的决定。《助推》一书的作者讲述了一个关于得克萨斯州一所高中的故事，在这所高中，三分之二的学生都没有接受高等教育，于是这所学校想要增加上大学的学生人数。但是，他们没有任何外部资金来帮助解决这个问题，因此决定助推内部。

老师用学生能理解的方式和他们聊天。老师没有试图推销大学教育有多么高尚。相反，他们用汽车这个青少年普遍认为的自由象征吸引他们。

老师们谈到了大学毕业生与高中毕业生的工资差距，并将其解释为奔驰车和起亚车的区别。但是，他们所采用的巧妙助推手段还没有出现，而且这个助推再简单不过了。为了从高中毕业，学生们被告知他们必须填写一份附近大学的申请表。现在，要想毕业，就得遵守这项规定。

获得社区大学的录取，所需要的只是高中学位证书和参加过标准化考试的记录。老师帮助学生们完成考试，并确保每个人都填写了一份大学申请，因为完成申请几乎是被录取的保证。最后，申请助推产生了显著的结果。从 2004 年到 2005 年，这所高中的学生升入大学的比例从 11% 上升到 45%。这一成功助推的消息传遍了美国各地的学校，许多学校从那时起也开始使用这个助推。仅仅是填写一份申请表的简单行为，就说服了 34% 的学生接受大学教育。一个小小的助推可以影响到他们的整个人生。

在所有这些例子中，使用的都是很小的助推。这些助推办法并不复杂，也不需要投入大量的现金，却非常聪明，并且设计完美，可以克服长期存在的障碍。投资回报率还非常高。

从这些例子中还能得到一个教训，那就是要顺应人的本性。换句话说，一旦你把障碍隔离开来，你就要利用对人性的理解来创造一个应变方法，使之成为人们最有可能选择的道路。助推总是因为障碍才会产生。想要人们点更多的饮料？给他们一盘受欢迎的咸坚果。希望他们减少能源消耗？教他们如何积累笑脸符号。想要更多的人成为器官捐献者？那就让他们费点事才能勾选退出。想要人们多给小费？那就去设置一个他们无法抗拒的竞争。

助推不会让人觉得好像鞋里进了石头。它必须推介一个不会造成太多摩擦的简单决定。必须记住，在一天结束的时候，一个聪明的助推仍然会给人们一个选择。它不是固执、唠叨或苛求。男女竞争小费罐很有趣，但你仍然可以选择不参与；你可以注意到杂货店地上的绿色箭头，但仍然可以选择忽略它们；你可以看到小便池里有一只家蝇，但还是尿到墙上。

障碍是找到新解决方案的机会。我有一个深信不疑的信念：办法总会有的。解决办法通常躲在障碍之内。发现这种助推可以引导现有客户多花点钱，也可以吸引到新客户。

一旦得到了客户，你所要做的就是好好为他们服务。

XI

贴心到超出客户期望

客户服务为什么是营销？

§

§

　　当我得到良好的客户服务时，我总是感到惊喜。可惜这种情况很少发生。

　　我来告诉你一个惊人的故事。有一天，一位顾客想退掉他买的一些轮胎。他把它们带到诺德斯特姆百货公司。店员问他花了多少钱，然后笑着把现金退款递给他，顾客拿了钱便离开了。

　　这听起来并不像一个特别有趣的故事，直到你意识到诺德斯特姆其实并不卖轮胎。这是一家高档百货公司，专门经营时装和家居用品。但这家店有一个理念，那就是顾客永远是对的，而且他们以客户服务水平高而闻名。诺德斯特姆百货公司尽其所能让那个人快乐，顾客高兴了，就成了回头客。即使他们的库存里没有轮胎。

　　我不确定这个故事是不是真的，一个调查可疑信息来源的网站Snopes.com 照常对此发起质疑。但就在不久前，我在达拉斯参加营销会议，演讲者讲了一个故事：一个零售商给一位要去参加葬礼的守寡顾客送去了五件黑色礼服，让她全部试穿一下，留下一件，把剩下的四件送回来。

　　当演讲者问听众这是什么商店时，四百人一起大喊："诺德斯特姆百货公司！"他们说对了。

我觉得很震惊。美国有成千上万个零售商，观众立刻就知道哪家商店能提供这种水平的顾客服务。即使轮胎的故事只是一个故事，那它也证明了诺德斯特姆百货公司的观点。他们的客户服务堪称传奇。

我坚信客户服务就是营销。客户服务不是一个独立的部门。除了是一种使企业面目一新、传递其价值观的方式，市场营销还是什么？除了是一种使企业面目一新、传递其价值观的方式，客户服务还是什么？没有什么比企业对待客户的方式更能让客户了解这家企业的了。客户服务是一个比市场营销更真实的衡量标准。企业在做客户服务时处在行动中，而不是理论上的。人们对不知名的企业很警惕。这就是为什么客户服务是如此重要。客户服务的根本在于以人为本，无关交易，而是关于建立情感上的联系，寻找机会来建立这种联系。

举例来说，你去过苹果公司的零售店吗？你会立刻注意到一些不同的东西。除了时尚的设计和总是很拥挤，空气中还弥漫着其他气味，那就是缺乏佣金制度。苹果公司的销售人员不会得到销售佣金，这是有原因的。史蒂夫·乔布斯希望销售人员多花时间与客户打交道，而不是为了得到很多的佣金而进行速配。这也是苹果公司在其商店里建立了技术支持站"天才吧"的原因。天才吧不是用来修电脑的，它的目的在于恢复关系。当苹果设备有什么不对劲，或者这些设备有什么你解决不了的问题，你就会感到沮丧，甚至可能想要退货。天才吧是用来解决这些问题的，苹果员工教你如何使用苹果的设备，回答你的任何问题。如果你问苹果员工问题，请注意，你永远不会感到匆忙，即使商店里挤满了带着问题的人。工作人员都受过培训，可以根据你的需要多花时间接待你。

从本质上讲，苹果公司并不打算通过天才吧服务来促成交易。他们只是想要建立人与人之间的联系。令人震惊的是，有那么多企业从来没有完全掌握这个做生意的基本要点。但是，最好的企业都深谙此道，并且总是寻找机会来证明这一点。

最近，一位商人准备搭乘转接班机，这是他一天漫长旅程的最后一段。晚饭时间到了，他知道两小时的飞行途中不会有食物供应，等他终于回到家的时候，他肯定饿得前胸贴后背。于是为了好玩，他发推特说："嘿，@莫顿牛排馆，我两小时后抵达纽瓦克机场，你能带着大脊骨牛排来接我吗？谢谢。"

莫顿牛排馆是他最喜欢的餐馆之一。想象一下，两小时后，他在纽瓦克机场下了飞机，惊讶地看到一个穿着燕尾服的绅士站在那里，一只手拿着一个写着他名字的标志牌，另一只手拿着一个袋子，里面装着二十四盎司莫顿牛排馆的牛排、虾、土豆、面包、餐巾纸和镀银餐具。

我们来分析一下发生了什么。莫顿牛排馆的某个人看到了这条推文（这表示他们在监控自己的社交媒体）。必须有人同意这个时效性很强的想法。必须有厨师准备食物。必须把食物从最近的莫顿牛排馆送到二十三英里外的机场。必须有人追踪发送推文的用户几点抵达，从哪个出口出来，以确定在哪里可以接到他。

这位商人随后在推特上发布了一条惊讶的消息，并附上了照片，他说："啊，老天，简直不可思议。@莫顿牛排馆，居然带着大脊骨牛排出现在了纽瓦克机场！……我的老天！"

事情就是这样。这不仅是出色的客户服务，也是优秀的营销。

这个故事在网络上被广泛讨论和分享。莫顿牛排馆花时间去回应一位喜爱其食物的顾客，尽管餐馆的员工并不认识这位顾客。莫顿牛排馆选择利用这个机会，甚至不知道除了让一个人在深夜的机场门口感到高兴，还能得到什么好处。但看看这个故事所产生的影响，莫顿牛排馆得到了比任何营销都要多的媒体关注和好感。

客户服务就是营销。

一天晚上，一位父亲带着孩子在无线电城音乐厅前露营。职业橄榄球大联盟选秀大会第二天就在那里举行，他们希望成为第一批拿到腕带的人，这样他们就可以观看选秀大会了。但是，还得再过五小时，售票窗口才会打开。当时是夜晚一点，天气很冷。突然，一辆出租车停了下来，一名男子跳下车，给这一家人送了毯子和热巧克力，然后就坐车走了。正如《广告周刊》杂志所指出的，这不是偶然的善举，而是关心顾客的服务。这家人在去无线电城音乐厅之前住进了丽嘉酒店，晚间经理注意到他们离开了酒店。他只是想确保他们在寒冷中等待时感到舒适，即使他们是在离酒店四英里的人行道上。于是，他派了门童去看看他们。他们是酒店的客人，他特别关心他们。

丽嘉酒店是一家成功的企业，他们知道，为顾客提供超出预期的服务，不仅仅是一场营销活动，还是一个操作平台。

有一件事是很肯定的：这种程度的客户关怀只能由企业的管理层发起才可能实现。正如著名管理学作家彼得·德鲁克曾经指出的，瓶颈总是在瓶子的顶部。

广告行业的传奇人物大卫·奥格威就非常希望他的员工可以提供优质的客户服务。我一直记得他有一个坚持。他说："我们不要把客户送到电梯，而是要把他们送到大街上。"想想这句话。开完会后，他希望他的员工不仅陪客户走到电梯口，还要一直走到大街上，可能还要帮他们叫辆出租车。如果你曾经去过纽约，在麦迪逊大道上站立过，你就能知道这可不是一个小举动。那里没有一幢低于三十层的建筑物。送客户上出租车肯定需要二十分钟。

我敢说奥美是城中唯一在日常经营中如此礼貌周到的广告公司。但是，奥美广告相信，雇佣员工，不仅要看他们的智力，还要看他们的举止。这一点是该企业创始人经营之道的一个延伸，也是奥美文化的一个重要方面。

为什么只有很少的企业会为客户这样做呢？因为这种理念在管理层中很少见。

在另一本优秀的书《小巨人：不做大公司，只做出色的公司》中，保·伯林厄姆写到了十四家小公司，他们拒绝了无休止发展的压力，选择做一个小而出色的企业。他讲述了餐馆老板丹尼·迈耶的故事，迈耶在纽约拥有几家餐馆，格拉梅西酒馆是其中之一。迈耶认为，所有成功的企业都必须有灵魂。他认为传统的客户服务是一种技术技能，比如，准时、趁热把食物端上桌，在客人用餐完毕后迅速清理餐桌等等。你可以教会人们一项技术技能，但迈耶希望他的员工提供更多的服务。他希望他的员工能让顾客觉得员工是与顾客站在一边的。这是一种情感技巧。

这意味着迈耶必须雇佣那些已经掌握这种技能的人。同理心不是依靠灌输获得的，你不能让人们对他们的行为影响他人的方式变得敏感，也不能让员工甘愿拼命争取顾客。所以迈耶雇佣那些天生拥有这种情感技能的人，并培训其他人技术技能。这意味着他的面试过程考察的是善良、慷慨和热情，而不是熟练、速度和能力。

迈耶的哲学在现实中是怎样的？通常，服务员看到顾客在两份甜点之间犹豫不决，就会免费赠送第二种甜点。他的一位经理最近归还了顾客落下的手提包，但经理不是把包放在餐厅等客人来取，而是选择用联邦快递把包寄给顾客。一位领班最近为一对夫妇在二十七号桌上放了一枝玫瑰，他知道他们在结婚纪念日那天总是坐在那里。这对夫妇一年只来几次，但他一直记得那位丈夫就是在那张桌边向妻子求婚的。

这些客户服务都是一些很小的举动，却并不常见。

迈耶早在 1995 年就意识到客户服务能带来很大的不同。在一项纽约餐馆调查中，他的格拉梅西酒馆在食物质量方面排名第十，甚至在装潢方面都没有上榜。但它被评为曼哈顿第三好的餐厅。显然，人们光顾这家店，还有别的原因。

事实证明，这个原因就是迈耶的员工有着令人难以置信的专注和周到。正如迈耶所说，你不希望客户只是满意地离开，你希望他们快乐地离开。这超出了高效服务的水平，要求餐厅通过一对一的个人接触来发展与客户的关系。想想你是不是经常觉得自己只是商店或餐馆里的另一个号码。我想说的是，我们都经常有这样的感觉。

加州一家名为"金块市场"的连锁超市有 273 个职位空缺，最近却收到了惊人的 10 400 份求职简历。人们喜欢在那里购物，因为超市的工作人员非常热情好客。这家超市的首席执行官和迈耶有着相同的理念，他是这么说的："我们雇人看的是态度。至于杂货生意，我们可以教会你。"

只有一个执着的公司才能提供出色的服务。而且，金块市场连锁超市和迈耶的餐厅都乐于让顾客开心。要做到这一点，你不仅要喜欢你的客户，还要对他们感到好奇。好奇心带来问题，回答问题后你就能了解客户，了解了他们，你就能与他们建立联系。

我和我妻子很喜欢我们家附近的一家餐馆。那是一个小酒吧，供应的菜品有限，食物很简单，但是很好吃。餐馆装饰很简单，并不华丽，却温暖而舒适，我们经常去那个地方。为什么？因为他们热情好客。店主安娜和她的员工们记住了我们的名字，并且从未忘记。他们总是问我们有没有遇到什么新鲜事，而且从不忘记细节。我们总是很期待见到他们，他们也一向带着灿烂的微笑欢迎我们。

换句话说，我们成为忠实客户，是因为他们的客户服务。要将与客户的关系发展到最大化，而不是交易。

在这个方面，有的人目光太短浅了。员工多花几分钟与客户相处，却会因为扰乱提高效率的计划而受到训斥；在企业会议上提出有关客户服务的想法，却被告知没有这方面的预算。但最聪明的企业都明白，良好的客户服务是创收的来源。这是使你的企业有别于竞争对手的一种方法，是一个让人们再次光顾你的特点。

为什么？我怎么说都不过分。如果客户服务令人难忘，又很优秀，工作人员做得比期望的多得多，会让客户惊呼"我简直不敢相信你竟为我这么做"，那这种客户服务就像中彩票一样罕见。但如果每天都这么做，对企业来说就是中了彩票。投资回报率可达十倍之多。

举例来说，在客户服务方面，四季连锁酒店就是一个很好的研究对象。创始人伊萨多·夏普讲述了他小时候的一个有趣故事。他有三个姐姐。他们全家一起旅行时，他注意到姐姐们总是带着小瓶洗发水。因此，当他多年后经营自己的连锁酒店时，他首先就把小瓶洗发水和护发素放在房间里。这是一个小小的举动，但现在已经成了酒店业的基本服务。

四季连锁酒店确保一贯提供优质客户服务的方法之一，就在于他们设立了客史系统。这个系统收集并记录客人的喜好，从他们喜欢看什么报纸，到他们想要什么样的枕头，再到他们最喜欢的饮料，都一一记录在案。换句话说，每个请求都会被记录下来。四季连锁酒店利用客史记录，在客人下次入住时，将他们喜欢看的报纸放在门口，将他们喜欢的枕头放在床上，把他们最喜欢的饮料放在房间里，让客人们大吃一惊。无论顾客在哪个城市，都是如此。这是一件小事，但对客人产生了强大的影响，让他们觉得酒店很了解他们，也很在意他们的感受。

四季连锁酒店的经理每天早上还会开一个失误报告会议，也就是总结前一天所有出错的地方。每个部门都必须到场。他们带着这个错误清单开始一天的工作，有一个至关重要的原因：想办法把投诉转化为客户服务的机会。例如，有一天，一份要顾客参加会议的重要传真没有及时送到客人手中，投诉被记录在案。在第二天早上的失误会议上，员工讨论了这件事。问题出在前台。当他们讨论这件事时，酒店的服务员提到，这位客人在城对面的一家餐厅预订了当天的晚餐。因此，四季连锁酒店的车务部主动提出安排车送这位客人和他的妻子去用餐。这是一件小事，但这个行动让客人忘记了传真的失误。

这件事的经验教训是：把痛处变成了客户服务机会。前台犯了错。服务员提到投诉的顾客预订了晚餐。车务部解决了这个问题。正如伊萨多·夏普所说："了解我们，要看我们做了什么，而不是说了什么。"

那么，你的公司是如何为客户解决问题的呢？大的机会是什么，小的机会又是什么？一个部门能替另一个部门解决问题吗？你能赶在客户投诉之前，解决哪些棘手的问题？

另一方面，优秀的客户服务并不一定是解决问题，也可以是增强客户体验。就拿酒店来说，一位女士出差去纳什维尔，住进了她最喜欢的酒店。当她来到自己的房间时，她发现床头柜上摆着她家人的照片。原来是酒店打开了她在脸谱网上的个人页面，复制了她的全家福照片，并把它们装裱起来。我不知道你对这个故事有什么感觉，但它在很多层面上都很有趣。第一，这些照片是公开的，已经被分享到了脸谱网上，全世界都可以看到。从本质上说，这并不属于侵犯隐私。第二，酒店寻找办法利用社交媒体为客人提供更具个性的服务。换句话说，这家酒店是在寻找客户服务的机会。第三，当女商人讲述这个故事时，她对此事赞不绝口。她很惊讶酒店竟然如此努力为她提供个性化的入住体验。

另一家酒店使用脸谱网来查询客人的生日。若是客人在生日当天登记入住，他们就会发现一个小生日蛋糕在房间里等着他们。你可能喜欢也可能不喜欢酒店把你的家庭照片裱起来摆在房间里，或者对你的社交媒体账户做一些调查，但这是对 21 世纪客户服务和企业表达客户服务新方式的一种展望。

顾客从来没有像今天这样有这么多的选择。人们可以穿着睡衣坐在电脑前，在几分钟内查出所有可供选择的产品或服务。你有很多竞争对手。差异化的因素往往就在于客户服务。

根据 IBM 最近做的一项调查，80% 的首席执行官认为他们的

公司提供的是优质的客户服务，而认同他们这一看法的顾客只占
8%。高管们的认知简直大错特错。这是一个可怕的深渊，顾客掉下
去后就再也出不来了。因此，战胜竞争对手的最好方法之一，不仅
仅是提供出色的客户服务，还要提供令人难以忘怀的客户服务。很
有可能你的竞争对手并不执着于此。亚马逊创始人杰夫·贝佐斯看
着他的竞争对手说："你的空白就是我的机会。"客户服务也是如此。
你的竞争对手客户服务不上心，那正是你的机会。正如作家彼
得·马蒂森所说："不涉及疯狂或犯罪的强迫症总是迷人的。"这话
非常有道理。这样的客户服务，如同狂风一样扫过我们。

同样有趣的是，企业在失去客户后，多半不会试图挽回他们。
他们觉得彻底没有希望，不可能挽回了。但做生意的秘诀之一就是
企业重获流失客户的可能性是争取到新客户的两倍。这是一个非凡
的见解。此外，挽回流失的客户所需的成本，要比吸引新客户的成
本低。在第一种情况下，你和客户之间已经建立了关系，而在第二
种情况下，你得建立一段全新的关系，而这一向都需要更为昂贵的
营销。第一种遇到的可能是热情的电话，第二种面临的则可能是冷
漠的电话。错误是不可避免的，没有一家企业是完美的，但是像四
季连锁酒店这样的企业会把小问题变成让客人重新爱上他们的机会。

他们把顾客投诉转化成客户机会。

以航空业为例。我想你一定认同大多数航空公司的服务水平都
平平无奇，符合标准水平，西南航空公司除外。几年前，一个男人
在去洛杉矶出差的途中，要前往丹佛的女儿家看他三岁的外孙最后
一面。那个男孩子遭到了母亲男友的殴打，处于昏迷状态。当晚九
点，他就要被移除生命维持系统，医生要摘除他的器官以挽救其他

人的生命。外祖母在最后一刻打电话给西南航空公司订了票，并向航空公司解释了这个紧急情况。但是在去机场的路上，这位外祖父因为洛杉矶没完没了的交通堵塞耽搁了时间，当他最终到达洛杉矶国际机场时，他的前面排起了长长的队伍。等他终于跑到登机口，已经比航班预定起飞时间过了整整十二分钟，不是登机时间，而是起飞时间，可他震惊地发现飞机还在那里。飞行员等在登机口，对这位外祖父说："没有我，他们哪儿也去不了，没有你，我哪儿也不飞。"

西南航空公司的航班不应该等待的理由有一百个。大型航班每延误五分钟，航空公司就会损失数千美元，还会由此导致很多问题。但是，那名飞行员知道，他暂不起飞的决定将得到公司的支持。这就是西南航空公司连续四十年盈利的原因。这也是西南航空公司在"9·11"事件期间盈利的原因。这就是为什么在"9·11"事件之后，顾客们会把支票寄到西南航空公司，有些甚至给了高达一千美元。他们这么做是因为他们怕这家航空公司会破产。这就是为什么西南航空公司有三千个工作岗位，却收到了十万份申请。西南航空公司经常被评为客户服务最好的航空公司。

没必要去想为什么。顾客喜欢西南航空公司，因为西南航空公司喜欢顾客。

说到航空公司，维珍航空也以优秀的客户服务著称。同样，这一切都要从理查德·布兰森开始。他是一个热衷于客户服务的首席执行官，他也注重最小的细节，他将客户和员工的体验提升到了很高的程度。其他航空公司，甚至其他行业的企业，都把维珍航空作为一个标准。

正如布兰森所说，所有的航空公司都从波音或空客等企业购买飞机。这些航空公司都是从相同的产品开始的。比如，飞机、候机楼和时刻表。但他们的相似之处也到此为止。维珍航空开始提供其他航空公司没有的便利设施，比如情绪照明、真皮座椅、机上 Wi-Fi①和超级先进的座位内置娱乐系统。这些东西可能吸引人们尝试坐一次维珍航空的航班，但是与维珍航空员工互动的质量让他们想要一再乘坐维珍航空的飞机。

就像我说的所有出色的企业一样，维珍航空在招聘方面非常挑剔，每一百个应聘者中只有一个人被选中。维珍航空寻找的是积极、友好的人，看重的是有吸引力的性格，而不是能力。正如丹尼·迈耶所说，一个人友不友好，不是教会的。你无法教会人们喜欢与他人互动。但是，如果你找到了那种喜欢让别人快乐的人，就可以让他们去寻找客户服务的机会。

例如，我最近看到一篇新闻，说的是旧金山有一天起大雾，航班都延误了。维珍航空的机组人员推着头等舱的饮料车一路上了飞机斜坡，来到候机区，在乘客候机期间为每个人提供鸡尾酒。你的航班延误时发生过这种情况吗？你是不是从没想过能在航班延误的时候喝到鸡尾酒？但维珍航空的员工知道这是一个打破常规的机会。听到这个故事后，布兰森亲自打电话给每一位机组人员，感谢他们用如此有创意的方式让顾客满意。

顺便说一下，维珍航空每周七天每天二十四小时都在社交媒体上回复客户。不管是正面的信息还是负面的信息，他们都会回复。所

---

① 无线网络。——译者注

有维珍航空的飞机上现在都有 Wi-Fi，乘客在社交媒体上发帖子也就不足为奇了。如果他们在飞行途中在社交媒体上联系了维珍航空，那他们就很有可能在飞机着陆前得到回复。维珍不是简单地利用社交媒体来做营销，而是利用它与客户进行有趣、真诚且有所帮助的对话。

你看过维珍的使命宣言吗？那是我见过的最好的使命宣言。我看过一次，这份宣言很难找到，但我保留了一份。他们是这样说的：

> 每个人都想要下一个好东西。
>
> 即使是我们。
>
> 我们是一家音乐商店，却成了一家航空公司、一家软饮料公司，后来又成了遍及全球的两百多家不同的公司，而这都是因为一个简单的共同想法：
>
> 我们想做以前从未做过的事。
>
> 我们想创造有价值的东西。
>
> 我们要真诚。我们想创造值得创造的东西。
>
> 我们想在这个过程中得到乐趣。
>
> 我们希望我们的竞争对手发现我们非常令人恼火。

难道你不想为一家信奉这种宣言的企业工作吗？这又回到了我先前提出的一个重要观点。为了创造出色的市场营销和一流的客户服务，你必须鼓励一种以客户服务为中心的企业文化。你的员工必须知道他们有能力寻找客户服务的机会。必须让他们相信，当他们为了帮助某人而违反规则时，管理层会支持他们。必须让他们知道他们将因此得到鼓励，就像布兰森那天给机组人员打电话一样。

这向来都要归结于企业文化，企业必须执着于客户服务。

世界上对客户服务最执着的企业之一是你从小就熟悉的一家公司。迪士尼乐园的魔法王国是客户服务的典范。毫无疑问，这种对细节的关注来自他们的创始人。华特·迪士尼的格言是："尽你所能，为公众奉献一切。"按照这句简单的话，迪士尼乐园的所有员工每天都在努力为顾客提供超出期望的服务。

我看过一篇关于迪士尼乐园的有趣文章，标题是《三点钟游行几点开始？》。我稍后会解释这个标题。魔法王国的客户服务既是一门艺术也是一门科学。例如，迪士尼乐园把储物柜和轮椅安置在公园入口的右边，因为工作人员早就注意到，大多数游客从大门进来时都是往右走的。通过观察，他们提升了顾客的体验。迪士尼乐园的一项研究表明，买带包装纸硬糖的顾客走大约二十七步后，会把包装纸扔在地上。于是，迪士尼乐园每隔二十五步就放一个垃圾桶。你可能认为这不是客户服务，但这的确是。这一措施可以使公园保持干净。

在迪士尼乐园的一个关键理念中可以找到一个最好的经验教训，这个理念是这样的："这不是我的错，但这是我的问题。"由此可见，尽管游客可能向迪士尼乐园的员工提出随机的问题或他们遇到的困难，但员工要按照培训的要求，会"承认"问题，并与客户待在一起，直到问题得到解决。所以，当游客问："三点钟游行几点开始？"迪士尼乐园的员工从来不挖苦人，而是会回答："游行下午三点在边域世界举行，但美国小镇大街的游行大约在三点二十分开始。如果你愿意，可以在这里的阴凉处等一下。"想想看，在一家大商场里有人陪着你直到找到你想要的东西，又或者，让求助热线里的人一直陪着你，直到你的问题得到解决，而不是把你交给别人，这样的情况是多么罕见。迪士尼乐园的每一次游乐装置的运转、演出和火车都准时进行。如果火车晚点一分钟离开车站，列车员就会打开扬声器，解释火车晚点的原因，以及离发车还有多长时间。

迪士尼乐园的员工受训成为"积极友好"的人，被鼓励与游客接触。例如，他们会主动接近看起来像是找不到路的顾客，而不是等着别人问路。

迪士尼对客户服务的把握堪称典范，他们的客户满意度非常高，以至于其他公司开始向迪士尼求教。就这样，1986年，迪士尼学院成立了。迪士尼学院是迪士尼公司设在佛罗里达州的一个分部，专门教其他企业如何向客户提供超越他们期望的服务。这些公司包括达美航空、IBM、通用汽车、克莱斯勒，甚至还有美国国税局。

迪士尼学院的基本原则是华特·迪士尼本人几十年前发现的：人们记住的是人，而不是产品。关键在于鼓励员工始终保持专注，千万不要让人看来像是排练过，也不要显得机械呆板。要延伸人类基本的善良和真正的关注。例如，迈阿密国际机场向迪士尼学院寻求帮助。调查显示，迈阿密国际机场的客户服务是全国最差的。参加了迪士尼的课程后，四百名迈阿密机场的工作人员学会了把"这不是我的错，而是我的问题"付诸行动。

迪士尼学院的经验教训适用于各行各业。马萨诸塞州的一家雪佛兰汽车经销商发现，在学习了迪士尼之后，顾客的满意度上升了85%。一家人力资源服务公司学习了迪士尼学院的课程，并在一年内实现了收入翻番。通过实施迪士尼的最佳实践，奥兰多魔术队为其七百名员工引入了一种以服务为导向的新文化，其球迷满意度跃升至90%以上。

这样的例子不胜枚举。其中隐含的教训是什么？客户服务等于利润。客户满意度上升，收入也会增加。

关于出色的客户服务，有一个传奇般的例子。美捷步是一家美国零售商，最初是一家线上鞋店。在网上卖鞋是一个疯狂的想法。头脑正常的人谁会不先试穿就买鞋呢？

但美捷步决定把自己打造成一家关心顾客的商店。他们要做的第一件事就是承担起网上买鞋的风险。比如，美捷步允许顾客订购八双鞋，全部试穿后保留其中一双合脚的，退还另外七双并且不用承担运费。他们还提供免费送货，365天内都可以退货。

是的，你没看错。你有一整年的时间退掉鞋子。

瞧，美捷步意识到了他们的主要优势是什么，而且，他们没有像创始人最初认为的那样，成为一家鞋子种类、式样最多的商店。他们与顾客建立了最令人惊奇的关系。这是美捷步最大的机会。他们提供比其他任何线上零售商更高程度的客户服务。看看这个：40%的订单都被退货了。单是这个数据就能把大多数企业吓跑。但你需要知道的是：最大的回头客是最忠诚、花钱最多的顾客。很有趣，不是吗？

接受40%的退货率，美捷步赚了更多的钱。这家企业的文化就是创造关系，因为顾客高兴了，才能成为回头客。为了让顾客满意，他们付出了巨大的努力。

先说说招聘环节。举个例子来说，在为期四周的培训课程中，美捷步为员工提供一千美元的离职补偿。这是闻所未闻的事。但这是有原因的，美捷步想要剔除那些不认同其同理心、善良和谦逊等理念的人。

2007 年，只有 3% 的候选人拿了这笔钱。在 2008 年，只有 1%。2009 年，没有人拿这笔钱。于是，美捷步把价格提高到两千美元。

就连美捷步的工作申请表也非同寻常。第一个问题是填字游戏。为什么是填字游戏？因为这家企业寻找的是解决问题的人。在职业培训过程的每一步，美捷步都在试图了解企业的价值观是否与求职者的一致。丹尼·迈耶在为他的餐厅聘用职员时，也用了同样的方法。他们寻找的都是无法培训出来的技能。

大多数依赖电话中心开展业务的企业都规定了严格的时间限制，坚持让员工每小时处理一定数量的电话。美捷步却不是这样。美捷步每天要接五千多个电话，而且对每个电话没有规定时间限制。事实上，首席执行官谢家华最近宣布了一项客户服务电话通话时长最长的新纪录：八小时二十七分钟。

这件事是真的。我给美捷步的总部发了邮件询问此事。他们立即回复（这是当然）了我，并证实了这个故事。谢家华对这个纪录感到无比自豪。你在美捷步网站顶部第一个看到的就是 1-800 这个号码，因为正如谢家华所说，他们的团队实际上很愿意和顾客交流。他认为电话是最好的品牌设备之一。他是这么认为的，如果你和顾客通电话，那五分钟到十分钟内，他们的注意力就都在你身上。聪明的营销人员谁不希望这样呢？

他还坚定地认为，他的员工应该寻找每一个让客户惊叹的机会，不仅因为这是免费的，还因为这通常都可以在一夜之间完成。这意味着，如果你在午夜之前完成订购，你早上醒来时鞋子就会送到你的家门口。这种服务肯定会让人惊叹。更重要的是，它会产生情感影响。事实上，人们很惊讶，他们中的许多人在收到包裹时都会大声尖叫。联合包裹的快递员说，他们在派送美捷步的包裹时，必须习惯这种反应。

美捷步停止向加拿大发货，你可以猜到原因。边境检查对美捷步的承诺构成了障碍，这使人无法忍受，到加拿大的派送速度达不到美捷步的要求。

如果一件商品缺货，美捷步的员工就搜索其他三家竞争对手的网站，找到该产品，并引导顾客去那里购买，即使他们会失去那笔生意。但他们这样做是有原因的：他们没有试图实现交易最大化。就像苹果的天才吧一样，他们试图将客户关系最大化。你知道哪个企业不仅会推荐另一家商店，还会帮你在那家商店找到你要的产品？客户可能会从竞争对手那里购买一件商品，但他们还是会再次光顾美捷步。

最后，再说一个美捷步的故事。谢家华曾经带着一些客户在镇上玩了一夜。他们在夜晚两点才回到酒店。一个客户非常想吃比萨，但当时是夜晚两点，酒店的厨房已经关闭了。谢家华就建议她打电话给美捷步，问问客服能否帮她找到比萨。你不得不欣赏他提出的建议：他让顾客在夜晚两点打电话给他的公司要比萨，要知道，他的公司可是一家鞋店。于是，这位顾客拿起电话，打给美捷步要比萨。电话线那端稍做停顿，美捷步的接线员就找到了酒店附近仍在营业的三家比萨店，并且点了比萨。那一刻，客户们都惊呆了，但我敢打赌，谢家华对此并不感到意外。他给公司灌输了一个观念，那就是要让客户满意，这个观念十分重要，且无所不包。这就是为什么美捷步仅在创立的第八个年头就实现了十亿美元的销售额。

　　这里还有另一个教训。美捷步 75% 的客户都是回头客。他们更频繁地打电话，花更多的钱。他们一直在美捷步购物，因为他们在生活中从未被如此善待过。

　　客户服务不需要花钱，却能赚钱，还能赢得忠诚，吸引更多的顾客，客户服务能实现这一切，因为它促成了最强大的广告：口碑。没有什么比出色的客户服务故事传播得更快了，也许反面的客户服务故事除外。大多数公司都负担不起每天寻找新客户的费用，这意味着你必须依靠回头客。留住回头客的最好方法就是提供超出他们预期的服务。

　　一定要牢记迪士尼先生的箴言："尽你所能，为公众奉献一切。"这就是为什么丽嘉酒店在夜晚一点给顾客送毯子和热巧克力，莫顿牛排馆在机场给陌生人送牛排。这就是为什么格拉梅西酒馆通过联邦快递将丢失的手提包送还给失主，当客户要求美捷步在夜晚两点找比萨时，他们连眼也不会眨一下。这就是为什么西南航空的飞行员可以让整个飞机的人等一位迟到的乘客。

　　为每一个客户服务，抓住每一次机会。没有例外，没有借口。

　　这是一个很重要的承诺。但如果你做对了，你就会发现，让别人快乐，你也会快乐。这是一个美妙的互动体验。始终提供最高级、最出色的客户服务，是让你的竞争对手认为你"非常讨厌"的最好方法之一。

　　客户服务，是一场赢在毫厘之间的游戏。

多做一点

小姿态，大价值

§

§

　　不久前，我在澳大利亚靴子店买冬靴。当我问有没有防雨雪罩时，他们告诉我："别担心，我们马上就给你申请。"我问他们需要多长时间，他们说二十分钟。我脑子里飞快地盘算了一下。这家鞋店很小，就是一家零售店。我敢肯定，他们早上把钥匙插进锁里，都有可能弄破窗户。正当我琢磨着该怎么在那家小店里消磨二十分钟的时候，那个和善的售货员递给我一张松饼和咖啡的优惠券，又指了指街对面的一家小面包店。她让我去那里吃免费的点心，二十分钟后再回来。

　　我穿过马路，看到了一家可爱的小面包店，我意识到靴店刚刚给了我一些我很少得到的东西，那就是时间的礼物。我坐下来，品尝着咖啡和松饼，享受着二十分钟的放松时光。就因为这个细节，因为靴子店补偿了我的时间，让我爱上了那家店。我会再次光顾他们。细节带来了忠诚的顾客。提供咖啡和松饼是一个完全出乎意料的举动。这就是那家店的特别之处。我相信靴子店是和面包店达成了一项协议：以折扣价把优惠券卖给我们，我们将送很多新顾客去你们那里。我就是其中之一。那天，靴子店和面包店都迎来了一位新顾客，一个小小的举动就为两家公司都带来了新的业务。

　　我在商店买东西时，收银员微笑着说谢谢，我并不认为那是良好的客户服务。我把这称为前提。我不能因为别人给予了我什么就拍拍他的背。对我来说，良好的客户服务，或者说出色的客户服务，就是用意想不到的善意或体贴来给客户带来惊喜，不必精心设计。事实上，细节越小，我就越感兴趣和印象深刻。

　　这就是"多做一点"。

　　聪明的企业会想方设法地传递最微小的感动，让体验变得令人难忘。现在来说一个重要的见解：我相信，注重最小的细节，对中小型市场营销人员来说是一个巨大的竞争优势。虽然你无法与庞大的营销预算竞争，但你可以与个人服务竞争。大公司不能用力弯腰去看那些小机会，更不用说利用那些机会了，但规模较小的公司可以，这还是创造公平竞争环境的有力方式。

　　注重细节是人们选择成为忠实客户而不是偶尔消费的最大原因之一。事实上，如果你有很多偶然光顾的客户，那你就要问问自己为什么会这样。我的建议是，即使是对细节只有一点关注，你也可以将很大比例的偶然客户转化成忠实客户。每当我购物或与一家服务公司打交道时，我都会静静地观察这家企业是如何对待我和其他顾客的。我注意的不是笼统的风格。我寻找那些不寻常的细微之处，那些可以使一切都变得不同的微小举动。

　　我给你们举个例子。我和妻子住在乡下，经常要开车往返城市。于是，我们决定买一辆混合动力车。有一天，我路过了一家全食超市。

　　我从未在那里买过东西，但我决定试一试。我进入地下停车场，只见里面停满了车。当我慢慢地在停车场寻找停车位时，我突然看到了一个空位。那个位置非常完美，就位于门口。我的第一反应是这一定是个残疾人停车位。但当我开到那里，却发现牌子上写着："混合动力车专用。"想象一下我有多惊讶。于是，我把车停了进去。尽管全食超市里的东西有时很贵，但这小小的举动让价格问题在那天消失了。

这就是小举动起到的大作用。它们可以帮助你忽略那些不太好的方面。

说到停车位，许多教会都为新教友保留最好的停车位。它们用这样一个小而有意义的方式来欢迎新加入教会的人，让他们感到自己很特别、很有价值。

我们的海盗电台录音棚位于多伦多市中心。客户开车到我们的办公室，很难找到停车位。当我们在1990年开业时，我们的大楼四周都是停车场。这些地段后来都被开发成了公寓。作为一个细节，我们公司的每个人在发送电子邮件时都在结尾加一个落款："需要停车建议吗？"并附上显示所有最近的停车场的地图。这自然只是一个小小的举动，但我们的客户总说这对他们很有用。

正如我在上一章中提到的，消除痛点是赢得客户的最好方法之一。这不是一个让你厌烦的大问题，而是一系列恼人的小问题。棘手的是，你往往看不见这些痛点。但对你的客户来说，它们就像是反复扎在手上的小刺。有些客户会忍受烦恼，因为他们喜欢和你做生意。其他的客户却很在意，并转向你的竞争对手。

你通常很难发现自己的公司存在的痛点，因此，你就需要经常与客户沟通。我经常问我们的客户，他们最喜欢和我们一起工作的三个理由是什么。然后，我会问他们最讨厌的三件事。我一开始会拿出积极的态度，不是为了得到赞美，而是把这当作一种助推，诚实地面对批评。人们发现，如果能在积极和消极之间找到平衡，就更容易做到坦诚。随便列出三件让他们烦恼的事情，也许至少可以带来一个好的见解。

当你收集这方面的信息时，要寻找使用不同言辞的模式或重复点。我保证这个清单会让你大吃一惊。再次强调一下，从客户的角度来看待你的生意向来都是一种令人不安的体验。这就像在你家里站在梯子上想象一样，哇，从上面往下看，一切看起来都不一样了，但是客户的观点是清晰而重要的。当涉及你自己的公司时，你就做不到客观了，你就好比一个囚犯。我过去常常告诉新员工，他们客观的意见只在任职头一个月里对公司有价值。在那之后，他们被灌输了公司的理念，也就没有了公正可言。

我意识到的另外一点是：痛点的清单由异常多的小麻烦组成。重大的问题都有明显的痕迹，很容易被发现；小麻烦则带着伪装，通常都不会被注意到。它们往往隐藏在其他似乎运转良好的东西里面，就像在无籽葡萄里找到一颗葡萄籽。尽管这些问题十分细小，但解决它们带来的机会却很大。关键不只是识别出问题，还要找到问题的根源。

例如，不久前，在杂货店里，我走到一个健美生维生素的大展示柜台前。维生素或任何药物的包装瓶背面的字体都非常小，这就是许多购买者的痛点。大多数的维生素瓶都不大，可用来打字的空间非常有限。就在那时我注意到了一件事。货架上用绳子系着几个放大镜。放大镜上都有健美生的商标，很明显是由这家维生素公司提供的。

人们不会买很多健美生维生素，因为他们可能不确定哪种维生素适合他们，这是一个绊脚石。顾客寻找的信息就印在瓶子的背面，但是字太小了，放置放大镜是一个绝妙的解决方案。这一举动非常棒，健美生最大的市场目标人群之一肯定是老年人，他们一定比你想象的更感谢那些放大镜。一个小举动，却能带来很大的方便。

企业做出了体贴的举动，顾客一定会注意到。这个举动体现了健美生的创造力和专注力，能唤起顾客的热情。很少有企业能如此体贴，健美生这么做，就可以带来很好的口碑，而口碑则可以带来销量。

现在来说另一个例子。不久前，我在当地的家用五金商店购物，我拉过一辆购物车，这时我注意到车把手上有一张商店的地图。图册上用不同颜色标出了各种分类，我一眼就能看出每个产品类别在哪个通道。这是一个出人意料且颇受好评的细节，有了它，顾客再也不必苦苦在货架间徘徊，在你以为它在的地方，寻找根本不在那里的小物件。

美国加州世纪城的一家购物中心在每个停车位上都安装了红色和绿色的灯泡，方便人们看到停车位，把在停车场里浪费的时间减少了80%。

企业的每一个行为都是营销行为。每一个接触点都是一篇关于企业如何看待客户的文章。企业重视他们的顾客吗？他们是从顾客的角度，看待购物过程吗？对于反馈，他们是倾听，还是不理不睬？企业有没有一直在努力消除购物摩擦？企业是否想让你成为回头客？

通常，当我光顾蒂姆·霍顿斯兔下车咖啡厅，我会点我经常点的胡萝卜松饼，然后开车到窗口付钱，结果却被告知店里没有胡萝卜松饼了。为什么在我点餐时不告诉我呢？这种事经常发生，不是巧合。这是一个痛点，这家店如果愿意解决，完全可以做到。

但并不是所有的小举动都是为了消除痛点。最近，我把车送去维修，我问机修工我需要把车在他那里放多久，又向他打听最近的汽车牌照办公室在哪里。那天，我要去更新年检贴纸。他说了句"开我的车去吧"，就把钥匙递给了我，并向我解释了怎么去汽车牌照办公室。那天早上，我真是又惊又喜，一下子就办了两件事。那个机修工就是多做了一点。

纽约有一家比萨店叫塞特比萨。这家店的比萨盒是100%可回收的，这一点很好，但这还不是全部。首先，盒盖设计独特，可以很容易地分离成四个方块，每个方块都可作为盘子使用。然后，一旦盖子被打开形成四个盘子，盒子的下半部分就可以折叠成一个更小、更方便的盒子，用来把吃剩的比萨放在冰箱里。这就是方便、智能、可持续。

每件事都蕴含着机会。

我经常出差，会特别注意酒店和机场的各处细节。例如，像许多商务旅行者一样，我希望在长途飞行前，尤其是在转机之间，确保我的手机和电脑都充满电。要是登机口和抵达口的等候区设有电源插座，我会非常感激。一些机场甚至安装了方便的充电杆。显然，在这些机场，有人在像乘客一样思考。我也很喜欢飞机上设有电脑充电插座。在我的许多长途飞行中，当其他人都关灯睡觉了，我在写我的广播节目稿。所以，我很感激可以一边写稿一边给电脑充电。

　　当你乘坐维珍航空的飞机出国，在飞机着陆前有一个很好的程序。空乘人员会问你口袋里有没有零钱。旅行时，身上有零钱是一件麻烦事，毕竟在国外是用不上零钱的。维珍航空把这些零钱装在篮子里捐给慈善机构，这是一个小的触点，但很有意义。

　　我入住酒店，希望房间里有几个容易找到的电源插座，这样我就可以给电脑和手机充电。我可不愿意把床从墙上拉开，也不想把手伸到笨重的梳妆台后面去寻找插头。（相信我，你肯定不乐意看到那后面有什么。）我说不清有多少旅馆房间没有插座。有的即便有，也只有一个插座，那就意味着我必须拔下电视或灯的插头来给我的设备充电。我也喜欢靠近桌子（方便我给电脑充电）和靠近床（方便我给手机充电）的插座。我们很多人都在手机上设置了闹钟，我们不想让手机整夜开着浪费电。因此，我们更希望插座在床头柜附近，而不是在房间中间。一些酒店预料到了这一问题，并特别注意在房间里多设置电源插座，或者在桌子上摆放一排精心设计的电源插座。我很喜欢这一举动，这是一件小事，但值得感激。

　　几年前，我在拉斯维加斯的一个国际广告奖颁奖典礼上担任评委，并被安排住在安可塔套房酒店。听了一天的数百条广播广告后，我筋疲力尽地回到房间，就见枕头上有一张酒店放的小字条，用丝带扎着。上面写着"睡个好觉"，而不是"晚安"。看了后，我哈哈大笑。第二天晚上，我的枕头上又有一张字条。这张字条上写着："做个好梦。"这都是小事，却叫人非常愉快。

　　我每年都要入住三十多家酒店，我住过的其他酒店都不曾花时间增加这样的人性化举措。

　　当我住在尼亚加拉湖上的另一家旅馆时，我注意到床头柜上有一台 CD 机。旁边是一本蓝色的书，书名是《深度睡眠 101》。CD 机里有一张舒缓音乐的 CD，书上建议我在睡前一小时播放这张 CD。那本书的副标题是"一本被证明有效的征服失眠指南"，书中有很多可以促进睡眠的技巧。对于疲惫的旅行者，或者那些在陌生房间里睡不着的人，这是一个不错的细节。

另一家酒店的一名客人在推特网上发了一张照片，拍的是他从床底下发现的一张小卡片。上面只有简单的一句话："没错，我们连床下也打扫了！"多么有趣，多么聪明，真叫人难忘。

最近我去度假，天黑后，我和家人在海边一家漂亮的户外餐厅用餐。桌上唯一的亮光是一根蜡烛，我们不知道怎样才能看清菜单。但是当菜单送来的时候，我们很高兴地发现，菜单在装有皮套的 iPad 上。这是一个新奇的想法，创造了一个难忘的时刻。餐厅找到了一种方法来保持夜间的氛围，同时仍然使点菜时刻独一无二。

这就引出了另一个观点：想办法让你的客户服务中平凡的一面变得令人难忘。在餐厅看菜单点餐是很普通的一步，但晚上用有亮光的 iPad 点餐，就很特别了。这不是为了解决痛点，而是为了增强细节。

在商业录音行业，客户要在录音棚里待上几个小时。有时一定会赶上午餐时间，在我在北美各地进行过录制的所有录音棚里，人们都会收到一份活页外卖菜单。他们选出一家餐馆，每个人都点了餐，四十五分钟后食物装在油腻的袋子里送到。在海盗电台，我们把这看作一个客户服务的机会。我们设计了一个漂亮的厨房，每天都有五星级的餐饮服务。午饭时间一到，厨房里就摆上了各式各样的美味菜肴。客户得到通知后，就会走到厨房，用镀银餐具享用一顿装在闪亮盘子上的难忘午餐。虽然海盗电台以其创造力而闻名，但许多客户开玩笑说，他们一再与我们合作，是为了我们的食物。我们并没有受到侮辱。我们的食物是一个竞争优势。在录音这个行业中，几乎只有我们为客户准备午餐。即使在纽约和洛杉矶这种有着最好录音棚的地方，外卖菜单也很常见。

海盗电台还每天为客户和员工提供早餐。作为早上的第一件事，我们准备了一顿健康早餐，包括水果、麦片、面包、酸奶和松饼。大多数周五，海盗电台餐厅的员工都轮流戴上厨师帽，提供热腾腾的早餐，有煎饼、薄饼、培根和鸡蛋。我们这样做有两个原因。首先，一起吃饭，就像一家人凝聚在一起，这对我们的公司文化很重要。其次，我们想要在客户来海盗电台时创造一种独特的体验。这种体验并不局限于我们为录音带来的创造力水平，而是包括在那里的整体感觉，是从客户走进我们的大门，直到他们离开。

我们加入的另一个细节与文案有关。具体来说，就是帮助文案人员测定脚本的用时。广播广告文案的最大一个问题是大多数都写得过多。三十秒是一个残忍的界限，我导演的大多数剧本都用时三十七秒。也就是说，我在录音的大部分时间里，都在想办法在不破坏创意的前提下删减，而不是把时间花在录制尽可能最好的表演上。为了解决这个问题，海盗电台提供了一个虚拟秒表。

文案人员可以把虚拟秒表下载到电脑上，写文案时就可以使用了。它提供了三种计时选择：0~60、0~30、0~15秒倒计时，以及60~0、30~0、15~0秒倒计时。秒表还有一个不同寻常的"提示"按钮。当你点击它时，秒表就会翻转过来，屏幕上显现出写文案的提示。来自海盗电台研讨会的数百条文案写作技巧都被加载到秒表上，因此，这不仅是一种给脚本计时的方法，也是一个在写文案时可以利用的建议和见解的宝库。这是一件小事，文案人员却觉得它用起来非常方便，十分看重。这是海盗电台烤肉串上的一块肉。

我和妻子最近向一家慈善机构捐了款。大约两周后，我接到了该组织的电话。我以为他们是要我继续捐款，就开始打击他们，说："看，我几周前才刚给你们基金会捐了钱。"电话另一端的女士亲切地说："我们知道你捐了钱，所以现在打电话来表示感谢。"我有点尴尬地站在那里，但印象深刻。这是一个小小的举动，可以前从来没有慈善机构打电话来感谢我。

顺便说一下，感谢卡几乎完全是女性的专利。然而，手写感谢信能说明很多问题，尤其是在这个没有人情味的数字信息时代。在商界，根本没有多少人会发送感谢信。

是的，我在看着你们，先生们。

小小的触动点可能会对企业的收入产生巨大的影响。在住宅建筑行业，一些承包商明白这种联系。一位建筑商在客户搬新家之前送给他们几十个纸箱。这只是一个小而有用的举动，帮助客户打包。另一个建筑商在客户搬家那天送了一个大比萨给他们，他知道客户肯定又累又饿。这是一个小小的举动，但客户不会忘记。

建筑行业的口碑推荐率徘徊在 8% 左右。但在坚持进行客户服务的建筑商那里，这个比率高达 48%。看看这两个数字之间的差距。十分惊人，但并不出乎意料。

当著名演员约翰·内维尔在哈利法克斯担任尼普顿剧院的艺术总监时，他特别重视为出租车司机和他们的家人提供免费戏票。很少有人对出租车司机表示友好，所以司机们都非常感谢他，总是向乘客介绍这家戏院的戏剧。就这样通过口口相传，剧院的营业赤字很快就消失了，上座率翻了一番。向出租车司机赠送免费戏票是一个小举动，却是一个影响很大的营销理念。即使你把小石子扔进湖里，水也会上涨。

令人震惊的是，很少有企业明白这一点。在他们看来，做这些小举动有失身份，要么就是觉得这没有必要，要么是认为代价太大。我们的朋友劳拉最近买了一辆新的大众汽车，很开心地去取车。她到达汽车经销店，却发现车子并不干净，车上还有废纸，店员随意地将车钥匙递给她。这是一次令人泄气的经历。后来，她打电话给经销商经理，说她对这次经历有多失望。经理可能已经习惯了每天都卖新车，但买车对他的客户来说仍然是件大事。挂断电话后，她告诉她办公室里的每个人，永远不要通过那家经销商购买大众汽车。第二天，她的一位同事带着灿烂的笑容进了办公室。这位同事刚买了一辆新三菱汽车。经销商在前座给她的孩子们放了几张新 DVD，在交给她车钥匙的时候，还送了她一大束鲜花。她欣喜若狂，非常感谢那个代理商。

让我们暂时做个保守的人。比方说，那间办公室里的二十个人每人向另外三个人重复这两个故事。假设这六十个人中每人又把这些事告诉给了另一个人。一眨眼的工夫，三菱得到了一百多条好评，而那家大众汽车经销商则得到了一百多条来自其周边一百多人的差评。

这家大众汽车经销店并没有多做一点，他们是省了成本，却丢失了忠诚客户。

几年前，我妻子订购了一辆全新的橙色宝马 Mini 敞篷车。她很兴奋地去提车，但只在宣传小册子上看到了车。在这个重要的日子里，她去了经销商那里，面带微笑的销售人员带她进了一个特别的房间。房间里唯一的物件就是那辆新的 Mini 车。推销员打开灯，说："哈哈！"

这是展示汽车的好方法。只是那辆车是红色的，不是橙色的。

我妻子不知道该怎么跟销售员说，但还是说了，销售员非常抱歉，并重新订购了正确颜色的汽车，但那一特殊时刻却得到满分。企业所能做的最糟糕的事，就是对客户的业务漠不关心。长时间对你的顾客不理不睬，因果报应就会以惊人的力量摆动它的尾巴。成功掩盖了许多缺点。当生意进展顺利时，企业就会变得抗拒改变。换句话说，他们会对自己的缺点视而不见。正如皮克斯动画总裁艾德·卡特姆明智地指出的那样，成功会让企业退缩、重复。因此，如果生意很好，企业即便提供最低水平的客户服务也能赚钱，那么企业就将继续沿着这条路走下去，直到生意发展遇到减速带，也就是说，这条路变成了死胡同。客户想知道他们是有价值的，他们需要感觉到他们的生意可以得到重视。

在"请勿来电名单"立法生效之前，我接到了一家银行打来的营销电话，询问我是否可以考虑成为他们的客户。这个电话除去打断了我的晚餐，还有另一个问题。我已经是那家银行的客户了。这种情况很能说明问题。这家银行没有做足功课，也并不真正了解我。这个电话还告诉我，在伟大的计划中，我作为一个客户并不重要。这家银行太大，以至于都不知道谁是客户，谁不是。

最近，我收到了一封来自一家卫星电视公司的信，他们向我提供一个很大的优惠，希望我能使用他们公司的服务。优惠很好，可惜我已经是他们的顾客了。除受到侮辱之外，他们提供给新用户的月租比我现在付的要低。就像《宋飞正传》①有一集演的一样。

企业抱怨没有足够的收入，看到自己的股票价格下跌就会紧皱眉头，抱怨客户流失率太高，然而他们并没有让当前的客户感到自己是受重视的。他们打电话来推销服务，尽管我们已经是他们的客户了。此外，他们打电话时还念错了我们的名字，为非客户提供更好的价格。而且，他们似乎从不为此感到尴尬。

2012年，我主持的广播节目中，收听次数最多的一集是《小事一桩》，讲的是聪明的企业如何"多做一点"，让客户感到自己受重视。难怪这一集如此受欢迎，下载次数那么多，毕竟人们都想要优秀的服务。他们甚至渴望听到出色服务的故事。

广告界里有一个黑暗的笑话，它包含了极为深刻的真理。这是一个人们不会大喊出来的口号，当一个广告商搞得你翻白眼，这个口号就会悄悄地传播：你不高兴，我们也高兴不起来。

谁需要那种紧张感？

---

① 美国的一部喜剧，描写四个好朋友的故事。——译者注

最难模仿的是品牌文化

紧张的氛围，有利的氛围

§

§

　　20 世纪 80 年代中期，我与洛杉矶一位名叫里德·迈尔斯的著名摄影师合作过。几十年前，作为著名爵士唱片公司蓝调之音的标志性专辑封面的设计师，他声名鹊起（上谷歌搜索"里德·迈尔斯蓝调之音"，去见识一下他惊人的遗作）。这些作品被广泛认为是有史以来最好的封面。里德还拍摄了许多其他著名的专辑封面。他有一种独特的能力，把动作添加到静态照片里，如 1975 年的《芝加哥乐队精选集》。他还做过广告摄影，包括我和他合作为杜邦地毯拍的照片。

　　伟大的里德·迈尔斯（他于 1993 年去世）个性鲜明，嗓音富有磁性。他让我想起了喜剧演员里普·泰勒，派头十足，嗓门很大，留着浓密的大胡子。他在自己的工作室里踱来踱去，端着一个超大的高脚杯，喝着白葡萄酒，大声地向他的团队下达指示。他是完全在不接触任何道具的情况下进行摄影指导的。事实上，他不接触相机就能拍出精彩的照片。他告诉员工他想把相机放在哪里，一边看着镜头一边大声说出他对取景的批评或赞扬，但他从不碰设备。到了拍照的时候，里德大喊："拍！"他信任的助手就按下快门。在观看里德指挥他的工作人员为拍摄做准备的过程中，你会发现他总是处于完全的"喊叫"模式。你不时可以听到"我讨厌那个道具！"或者"我说的是埃及蓝，伙计们。这是波斯蓝！"还有些时候，他告诉模特："不要笑。拍！"

有一天，在我们出去吃午饭的路上，里德的接待员问我们什么时候回来。他回头，说："一个半小时后。你从两点左右开始发抖吧。"我觉得这很滑稽，显然里德很有自知之明。他知道只要他在场就会制造紧张气氛，因此他的员工可以在九十分钟后他回来的时候再感到紧张。吃午饭的时候，我问里德，为什么他总是对那些（非常出色的）员工大喊大叫。他说："气氛不紧张，牡蛎是满意了，可就不会有珍珠了。"我回到多伦多，把这句话用粗体字排印好，装在框里，下面用小字体写着"里德的规矩"，然后寄给了他。他很喜欢。

里德的规矩不仅适用于工作场所，也适用于品牌。品牌需要创意张力。无敌的拳王阿里面对乔·弗雷泽时，第一次在他的职业生涯中尝到失败的滋味，这时的他比以前有趣十倍。当万夫莫敌变成初尝败绩，粉丝们都倾身向前。世界上所有伟大的品牌都明白这个道理。

一个品牌不仅仅是一个产品，不仅仅是一个标志，更不仅仅是一个口号。品牌是一个信仰体系的总和。品牌是企业的信念，是企业所遵循的准则，所追求的目标，如何对待客户、生意背后的哲学，以及生来要解决的问题，这些都是决定企业采取哪些行动的信条。换句话说，你的品牌是它背后的人的集体意图，是盈利和受到顾客青睐之间的紧张关系。剩下的就是艺术指导了。

竞争对手可以模仿你的产品和价格，他们甚至可以模仿你的外观，但他们永远模仿不了你的文化，文化不是强制的。在很多方面，一个品牌就像一个人。想想你认识和喜欢的人，你的评价是基于他们如何对待你、如何对待别人，你和他们之间交往的历史，他们的幽默感、热情和正直，你和他们的共同之处以及他们给予和接受的能力。在我们的生活中，甚至有一些人很难相处，但他们仍然值得我们善待。

品牌也是如此。品牌面对的是同样的问题，存在同样的紧张，在很大程度上，人们清楚地感到了这些问题的答案。如果你在营销一家现有的公司，你就必须摸清这家公司的底细，确保公司内部与品牌的外在形象一致。如果出现了不一致，就必须解决。要始终先解决内部问题，再考虑公众形象。没有什么比一家公司在内部斗争的同时，还在进行乐观的营销更有害的了。这种出血会开始渗透肌理。如果是这样的话，就是时候进行文化治疗了。治愈病人，再展开营销。

另一方面，如果你正在创办一家新公司，这是一个绝佳的时机，可以先在公司内部形成并嵌入你的文化标准，再对外表达出来。虽然让一个新企业起步似乎是一项艰巨的任务，但现在是开始的时候了，因为你打算继续下去。无论你的公司是大是小，每个企业都有自己的文化。你的成功取决于你所创造的文化。对于一家现有的公司，你的成功则取决于你所培养的文化。

没有什么比你的企业文化更重要。重复一遍，你的企业文化重于一切。你的企业文化，是一种金钱至上的文化吗？还是一种崇尚创造性的文化？你的企业文化注重过程，还是注重思想？你的企业文化是一种以客户为中心的文化，还是以股价为中心的文化？是注重关系的文化，还是注重交易的文化？

　　换句话说，你代表什么？这个问题的答案应该就是你的客户所关心的。理想情况下，这应该是你为他们而进行的一场战斗。正如我们前面所讨论的，苹果为你能够使用计算机能力而战、耐克努力让你离开沙发、爱彼迎租房网站与高价酒店进行斗争。

　　那么，你代表什么？

　　如果你无法快速回答这个问题，那你就有了品牌问题。如果你关于这个问题的答案是自私的，那么你的品牌问题就很严重了。如果你不得不把答案从抽屉里拿出来才能记起来，你的品牌问题就已经到了病入膏肓的地步。

　　购物者在做决定的时候，选择从谁那里买东西，要看这个人在爱钱的同时是不是热爱他所处的行业。这句话的重点很重要。史蒂夫·乔布斯经常说，你若是关注利润，就会在产品上克扣。但如果你专注于提供优秀的产品，利润就会随之而来。还有一种说法，迪帕克·乔普拉说："如果你追逐智慧女神，财富女神就会嫉妒并追求你。"以我的经验来看，事实确实如此。海盗电台越是专注于积累知识来提升我们的产品，就有越多的收入滚滚而来。

　　但是，海盗电台的成功是各个部分的总和。它不仅仅是导演的能力，或者是写广告文案的能力、分辨表演天赋的眼光、对广播的激情、五星级的餐饮、漂亮的录音棚，或者是它主持的创意广播研讨会。它还在于产生海盗电台这个品牌的因素。正如大卫·奥格威曾经说过的："决定最终市场位置的往往是品牌的整体个性，而不是产品的细微差别。"海盗电台并不代表这些东西中的任何一个，而是代表所有这些东西创造出的经历。

　　现在来详细说明一下。扬·罗比凯广告公司最近的一项调查显示，与二十年前相比，品牌与同类产品的相似性增加了200%。因此，如果工程、螺母和螺栓都非常相似，那区别就在无形的东西上了。你的公司所代表的东西可谓至关重要，但它包含了一个危险的陷阱：这种立场常常导致平价定位。换句话说，许多企业都宣称自己代表着"卓越汽车产品"。代表"创意电台"是一个令人厌倦的宣言，代表"智能银行"简直荒谬可笑。

对我来说，阐明你的立场只是硬币的一面。真正有趣的问题在另一边：你反对什么？这个问题的答案无疑更耐人寻味，更有启发性，最终也更有说服力，因为它包含了一种有趣的张力。

回想一下苹果著名的电视广告《1984》。它之所以能产生如此大的影响，是因为它给了苹果一个清晰的定位，明确说明了这家企业代表了什么：向普通人提供计算能力。但苹果所反对的，才是吸引忠诚感的因素。它反对囤积权力的企业霸主。这样一场战斗增加了维度、色彩和勇气。在广告《1984》中，当苹果的勇士举起锤子把巨大的屏幕砸碎，这就不仅仅是一部出色的广告片了。这是一个值得珍藏的英雄故事，它在我们的潜意识里产生了深刻的共鸣，这就像电子产品领域内大卫以弱胜强战胜巨人歌利亚的故事。不仅仅因为苹果所代表的东西，还因为苹果所反对的东西，它才能成为世界上最有价值的公司之一。（大约三十年后的今天，苹果公司发现他们自己也成了巨人歌利亚。这是成功对抗巨人的一个奇怪的好处。）

因此，当你试图建立一个新品牌或重新校准一个现有品牌时，你不仅要问自己你的品牌相信什么，还要问问它不相信什么。听一听创始人的拳头砸在桌上的回声。你所代表的无疑将是令人钦佩和值得称赞的，并与你的产品或服务保持一致，但这将在很大程度上不会使人感到惊讶。仅仅将你的营销建立在一个宽泛的行业优点上，很难让你的公司与众不同。我知道这听起来像异端邪说，但这是真的。

《十诫》中大部分围绕着"不"这个字来写，是有原因的。"不许贪恋他人妻子"比"保持忠诚"更令人难忘，产生了有趣的紧张感。

通过将你的品牌所反对的东西包括在内，你的营销就会突然呈现出一种更生动的质感。小说中的英雄，从超级英雄到枪手再到侦探，都有一个共同点。面对敌人或不可能的情况，他们挺身而出。他们对不公正、敌人或统治世界的行为感到愤怒。他们是骑兵，常常要翻山越岭拯救那些他们甚至不认识的人，把自己置身于需要正直和勇气的环境中。

现在，所有这些对一个品牌来说似乎都是夸大其词，但事实并非如此。这里的重点是，反对某事比代表安全的城市街道更能让你引发情感共鸣。那样的话，蝙蝠侠就会成为一个长着尖耳朵的无聊家伙了。相反，他是一名打击犯罪的义务警员，敢于一人对抗犯罪头目。反对某件事让一个品牌展开战斗，给它的个性增添勇气，让人们团结起来。一个全方位的品牌，一个明确表达出支持和反对的使命，不仅可以让客户记住，也可以让他们真心喜欢。

早在 20 世纪 60 年代，名人堂级别的广告撰稿人埃德·麦凯布为霍恩 & 哈德特连锁自助餐厅撰写了我最喜欢的平面广告之一。广告上有一个盘子，里面装满了室内装饰的小玩意儿，摆得像食物一样。标题说明了一切："你不能吃空气。"

很明显，这家连锁店所反对的是供应劣质食品的过于豪华的餐馆。霍恩＆哈德特连锁自助餐厅本可以走另一条路，继续谈论他们的美食。但在四十年后的今天，我们就不会讨论他们的广告了。那个标题中的紧张气氛仍然吸引着人们的注意力。它的大胆让人无法忽视。

就像任何有趣的人一样，一个品牌不可能像一首只有一个音符的歌。政客们总是明白紧张局势的力量。他们在为自己所支持的议题造势的同时，也从他们所反对的东西里获利，尤其是在激动人心的演讲和激烈的辩论中。"我不会坐视成千上万的家庭生活在贫困线以下"是典型的骑兵宣言。你可能怀疑某个政客说的话是否真实，但这种正反两面的策略很有效。最坚固的金属是在最热的火中锻造出来的。

故事需要冲突。演员为了表现他们角色的真实，需要一些东西来对抗。在《杀死一只知更鸟》中，格利高里·派克饰演的角色需要他所在小镇的偏执来检验自己的正直。在《猎杀本·拉登》中，杰西卡·查斯坦饰演的角色需要双重张力，即不断升级的恐怖主义和军队中的性别歧视，来展现她的勇气和智慧。品牌也不例外。抵抗力能显示企业的优势，而一帆风顺则不能。一家企业在发展过程中所做的选择，尤其是艰难的选择，表达了它的灵魂。全世界都在关注着。

毫无疑问，什么也不代表，意味着很容易被加上负面的定义。想想，家装品牌零售商莱恩斯代表什么？或者说，通用汽车代表什么？紧急财政救助计划一开始实施，公众就认为这个汽车巨头自高自大。如果你不去定义你的品牌，这个世界很乐意为你做这件事。

而这并不是你乐意见到的结果。

你的竞争对手也会定义你。如果他们的品牌形象很模糊，无人经营，那么你的定义明确的品牌将比他们出色两倍。相反，如果你有一个身份明确的对手，那么他的阴影会迫使你变得更强。例如，耐克出色的营销促使阿迪达斯创造出了一个非常有影响力的宣传语，他们的广告是"没有什么是不可能的"。再想想奔驰和宝马的对峙。健康的行业变成了班卓琴决斗。如果消费者发现某一行业里的品牌几乎可以互换，那么这些品牌就错失了脱颖而出的大好机会。大多数人认为顶级品牌都是一样的，在选择的时候不会做很多功课。他们使用直觉，依靠感受。当这种情况发生时，你传达出你所代表的和反对的，就会起作用，也可能不会起作用。

正如你所看到的，创建和发展一个强大的品牌需要有趣的方法。在2015年戛纳广告节上，我去听休克摇滚明星玛丽莲·曼森的演讲。他在那里谈论他的品牌，以及他如何带领他的黑暗之船穿越流行文化的浅滩。在所有这些哥特式意象的背后，是一个名叫布莱恩·华纳的俄亥俄州男孩，但他是基于紧张而起了这个艺名：玛丽莲·梦露的美丽与查尔斯·曼森的恐惧并存。这就是硬币的两面。

他是个能说会道的人，非常聪明，也很直率。在分析他的成功时，他提出了一个非凡的见解。他说，"不清空那个神秘的桶"至关重要。曼森相信，有所保留是强有力的营销手段。如果有一些问题没有得到解答，粉丝们会很感兴趣。这是一个敏锐的观察，在这个时代，社交媒体会关注名人，名人把他们的一举一动和令人屏息的想法发布给粉丝，真人秀节目在他们家里设置了摄像头。曼森指的是卡戴珊姐妹（她们前一天也在同一个活动上讲了话）。

这条规则也适用于品牌。应该保留一些魔法。我们惊叹于苹果的产品，但我们其实并不知道他们是如何制造这些产品的。看看你的iPhone……螺丝在哪里？埃隆·马斯克的特斯拉电动汽车让我们为之着迷，一开始，我们觉得这款车既性感又快速，但我们并不真正理解他是如何激励自己的公司去实现别人没能做到的事情的。我们怀着敬畏的心情看着不再年轻的网球明星罗杰·费德勒站在了这项需要球员年轻、有爆发力的运动的巅峰，但我们并不完全理解他是如何展现他的技巧的。我曾经读到过一位治疗师的评论，他认为每段婚姻都应该包含一些神秘的东西。如果没有什么需要隐藏，也就没有什么需要寻找的了。

我完全理解这个关于讲故事的概念，我一直认为打破圈子是必要的。让读者去填补战略空白，人们喜欢自己去把事情弄清楚。在《教父2》中，当迈克·柯里昂突然意识到他的哥哥弗雷多在古巴对他撒了谎时，他脸上的异样表情只是一闪而过。但是，由于这一幕是要观众去弄清楚刚刚发生了什么，就需要让一加一大于二，这也让这一幕有了难以置信的紧张感。

讲述一个根植于你的产品的引人入胜的故事，是将潜在客户转化为付费客户的最有说服力的方式。在我职业生涯的早期，我从商界最受尊敬的创意总监之一哈尔·里尼那里学到了这一课。他在讲故事时从不偏离产品。每一个广告，每一个宣传活动都源自产品。在播音员区，他从来不会做任何与产品无关的滑稽事，然后再把话题转回到产品上。他从不讲笑话，并试图把话题与产品联系起来。里尼没有必要这么做，他觉得真正的产品非常有趣。巴特尔斯&杰姆斯葡萄酒冷饮器，亨利·哈德温啤酒，土星汽车，罗纳德·里根总统的竞选广告（"森林里有一只熊……"）：每一条信息都直接来自产品。没有例外。里尼坚信每个产品都有一个值得讲述的故事，这一坚定的信念对我产生了深远的影响。他教我永远不要使用借来的利息，永远不要使用以"另一方面……"开头的薄弱桥段。永远不要偏离创意的正题，再回到产品上来。要讲关于产品的故事。

在每一个出色的故事的核心，使这个故事优秀的元素都在于顿悟时刻。这时，听众或读者会挠挠头说："什么？我不明白。我真的不……等等……啊……我懂了！"为了在你的信息中有一个顿悟时刻，你就不能把整个故事都讲出来。在讲故事的过程中，一定要有一个小缺口，要有因不确定性而产生的一点紧张感。这是听众必须自己去填充的圆环上的一个断裂处。这个缺口不能太大到造成一个大洞，也不能太小到无关紧要。优秀的广告告诉观众一个故事，带他们踏上一段旅程，到了接近尾声的时候，文案就停止了。一个微小而重要的信息被隐去了。但当读者看到这个缺口时，他们会情不自禁地问："什么？这……我明白了！"

一系列的线索和连续的信息片段呈现在观众面前，这些东西看似并没有完全累加起来，然后，突然咔嗒一声，那一刻产生了巨大的影响。带有恰到好处的紧张（放松）时刻的故事，在广告播放后很久仍能引起共鸣。这就是为什么优秀的广告文案人员会为观众留下一些面包屑，让他们加入讲故事中来。

品牌也是如此。当你拥护你的品牌所代表的东西，坚持反对你所反对的东西，那就不要把所有的门窗都打开。值得庆幸的是，你的许多吸引力将是我们之前说过的无形的东西。你的品牌的大部分价值将存在于软资产中，而这些软资产是你的会计师所不能理解的。这就是魔法。史蒂夫·乔布斯就以保护这种魔力而闻名。有一家网站泄露了苹果公司一项绝密项目的细节，乔布斯就对该网站提起了诉讼。他对惩罚这个网站并不是那么感兴趣，他是在向他的队伍传达一个信息。他想让他们知道他要求谨慎。这就是苹果公司没有博客的原因。

这意味着，当你通过明确表达你支持和反对的立场来创建或发展你的品牌时，你仍然想要隐藏一些你公司的魔力和独特的文化。你的顾客知道这个魔力就在那里，他们从那个魔力中获益，但魔力并没有完全显现出来。你的客户将一直好奇，并希望继续寻找。

在海盗电台，我们的品位和对电台毫无保留的奉献，正是我们的魔力所在。我们着迷于分析和分解这个魔力。在我们的研讨会上，我们会给出七小时的建议和见解。但是真正的魔力有关编写文案和导演，并且从未被掏空。也许部分原因在于它们是无法被掏空的。一个人如何完整地阐述创作过程？当每个演员都需要稍微不同类型的指导时，你怎么告诉别人如何从演员身上挖掘到最好的表演？但海盗电台肯定有魔力，而人们想要接近这样的魔力。

在某种程度上，服务行业的魔力更容易被保护。该行业的魔力就在于员工，在于招聘标准和共同相信的文化。你出售的是一种独特的能力，而不是一个小部件。当你的企业销售小装置时，魔力就在小部件中。当索尼联合创始人盛田昭夫第一次送给史蒂夫·乔布斯一台随身听的时候，乔布斯立刻将其拆开，看随身听是如何工作的。我们都知道这个故事的结局。正如理查德·布兰森所说，所有的航空公司一开始都使用同样的设备。不同之处在于思维、转折、不同的文化和标准。

制作公司都拥有录音棚。事实上，当我去其他城市或国家的录音棚时，我总是惊讶地发现不仅每个工作室都有相同类型的设备，我们使用的还都是相同的品牌，是我们的文化把海盗电台和其他制作公司区分开来。这种文化建立在高标准之上，由我们所代表和反对的东西决定。我们代表非常出人意料的广播，反对的是广告行业历来提供的不被看重的广播。人人都说，广播是电视的丑姐姐。客户和广告文案人员都对电台不感兴趣。广播广告就像是在地下室如碉堡一样的小工作室里录制出来的。广播广告文案总是交给新手或不走运的职员去做，对高级创意团队来说，广播不够性感。当我向广告公司的朋友们宣布，我要创办一家广播制作公司时，一位资深副总裁把我拉到一边，对我说："你做广播是赚不到钱的。"

我完全不同意他的观点。在我的内心深处，我知道对有创造力的人来说，广播是所有媒体中最自由的。我知道广播可以让人兴奋，甚至能以令人惊讶的合理价格聘请到好莱坞演员担任配音工作，录音棚可能是令人惊奇的创意空间，而不是掩体。制作获奖广播广告有很大的难度，我知道好的广播可以成就文案人员的事业。海盗电台代表的是广播的标准，同时也反对那种认为广播是广告阶梯底部一个无聊踏板的流行观点。这就是我们利用的为我们服务的张力。

当我们开始赢得几十个奖项时，颁奖节目会把我们列为"制作人"。我们也抱怨过这一点。我们是"导演"，就像电影导演一样，只是我们的媒介是声音。我们在这方面花费了很大的力气，推翻了很多根深蒂固的观念，我们想要提升广播的地位。最终我们成功了。直到今天，广播颁奖节目的演职员名单上不再有制作人，而是

"导演"。

在海盗电台开业十年后，我看到了一篇采访，采访的是一家新的音频制作公司的创始人，他被问及为什么选择创办一家商业广播公司。

他回答说："因为这个国家 80% 的广播都是海盗电台制作的，这是不对的。"

但这是可以理解的，我们的品牌不可抗拒。我们提供高水平的创造力，并且利用了我们所代表的和我们所反对的事物之间的紧张关系。这是我们成功的原因，这对海盗电台的员工来说很重要。

还有一个地方的紧张关系至关重要：最后期限。创造力热爱约束，而期限的约束会激发创造力。每当我有两周来制作一项广告时，我并不会真正卷起袖子努力，而是等到离最后期限还有三到四天的时候，我才会真正卖力。我注意到海盗电台的文案人员也是如此。比如说我在还有十天的时候，问他们广告进行得怎么样，他们会随意地告诉我"很好"。从他们的声音中我知道他们还没有开始。离最后期限还有三天左右，我就会看到他们关着门在办公室里工作。这几乎是一种自我施加的紧张。经验告诉我，最后期限的紧张感似乎能打开神经通路，它施加在你身上的热量会激发有趣的联系。就像突然从普通汽油变成高级汽油一样。你的大脑更有效地燃烧。知道这一点，当工作需要高度的创造力时，我就会设定严格的截止日期。如果我不满意团队推介的创意，没有什么比说一句"我想在明天中午之前看到新创意"能带来更好的结果的了。

这里的经验是，要利用紧迫的最后期限给你带来好处。如果你让你办公室里的一个团队拿出创意，那就给他们设定一个紧迫的期限。不是不可能完成的期限，而是严格的期限。这就像在曲棍球加时赛中提高控球后卫的能力，或者在罢工的最后期限临近时，工会突然达成一项合同协议。在创造性解决问题的世界里，紧张是你的朋友。

所以，要对这些牡蛎加以限制。即使你就是牡蛎。

不要放过任何有价值的曝光机会

维系你的个人品牌

§

§

　　乔治·圣皮埃尔是终极格斗冠军赛里一位独一无二的战士。在那个世界中，大多数选手都在抱怨、拼命和尖叫，他却毫不费力。但是当圣皮埃尔想要从广告商那里得到利润丰厚的代言合同时，他也会抱怨、拼命和尖叫。

　　对大多数营销人员来说，终极格斗冠军赛是一项血腥的运动。这种比赛太暴力，过于以男性为中心，他们不愿意把自己的产品和其联系在一起。因此，圣皮埃尔只好聘请广告公司锡德·李帮助他发展自己的品牌。锡德·李的团队从来没有为一个"人"创建过品牌。像大多数广告公司一样，他们打交道的对象都是产品和企业。但他们接受了挑战，开始进行研究。结果显示，人们都认为圣皮埃尔值得信任，是个硬汉。男人们钦佩他的勇气，女人觉得他性感。就这样，锡德·李开始工作了。

　　第一个任务是让圣皮埃尔吸引更多粉丝，再凭借这个可量化的数字吸引更大的广告商。当他的膝盖受伤时，圣皮埃尔把这段非自愿的休息时间当成了一个吸引粉丝的机会。锡德·李帮助他完善了自己的社交媒体账户，使他所投射的形象保持一致。

　　圣皮埃尔把粉丝带入了自己的恢复过程。他在脸谱网页面上发布了一系列视频，展示自己如何进行物理治疗。他一直在推特上与粉丝交流，更新恢复进展。结果，他在脸谱网上的粉丝翻了一番，达到三百万，在推特网上的粉丝翻了三倍，超过了四十五万。

但是圣皮埃尔雇的广告公司所做的最重要的事，就是让广告商对他进行定位，不是一个暴力的牢笼斗士，而是一个精英运动员。凭借这一特定的品牌定位，他在所有社交媒体账户上传递的一致信息，以及对受众的深刻理解，圣皮埃尔的代言合约在十四个月内翻了一番。更重要的是，他得到了更多的报酬。乔治·圣皮埃尔借用了大品牌的营销技巧，改变了自己的命运。

如今，每个人都是一个品牌。不要因此而生气，我的意思是：你是独一无二的，你拥有向世界展示的技能，你的朋友和雇主对你都有不同的看法。你还有自己的名声。

这就是品牌的一般定义。但聪明的品牌知道自己是谁。我告诉客户的第一件事就是回顾他们与客户的每一个接触点。确保每个交叉点都保持一致。企业的每个方面都是专业的，它准确地反映了企业的身份。一定要确保没有漏洞。

现在回到我的"烤肉串"理论。企业有大量的沟通点：网站、脸谱网网页、推特网账户、主流广告、名片、店面、标牌、客户服务，甚至是未公布的信息。每一个都是不同的，每一个都有独特的功能。所有这些都要用一致的音调串在一起。

同样的规则也适用于你的个人品牌。在我们这个时代，向世界展示自己的方式有很多种。你可以写简历，可以设立网站，你可以上脸谱网、推特网和照片墙，可以写博客，可以在网上发布产品，等等。这些是你个人烤肉串上的"美味佳肴"。因此，让我们借鉴大品牌的经验教训，并将其应用到你身上。首先，让我们看看你的串肉扦是否准备好了。

如果你想推销你的个人服务，一份简历是探索你个人品牌的好起点。据估计，90% 的企业只接受网上简历。因此，你的电子邮箱地址通常是未来雇主看到的关于你的第一个信息。你的电子邮箱地址是一种营销形式，是第一印象，对你获得面试机会有很大的影响。因此，partybunny@hotmail.com[①] 这样的邮箱地址就不是一个好选择。zombieslayer@gmail.com[②] 也不太好。如果你试图推销自己，你的电子邮件应该看起来和听起来都很专业。如果电子邮件地址太新奇，那大多数招聘经理甚至不会去看里面附带的简历。

在阿姆斯特丹进行的一项研究中，有七十三名招聘人员看了六份简历，这些简历写的资历和经验都差不多。在其他条件相同的情况下，即使简历内容几乎相同，那些有矫揉造作的邮箱地址的人的得分始终较低。当招聘人员在浏览数百份简历时，邮箱地址是否合适，是第一阶段的筛选工具。古怪的邮箱地址让人显得不专业，削弱了他们的可信度。

再来说一个建议：人力资源经理和招聘人员不喜欢看到邮寄简历的邮箱地址中包含企业名。这表明你是在另一家企业上班的同时在寻找其他工作。这么做很糟糕，会让招聘经理怀疑你是否也会这么对他们。求职时要使用个人电子邮箱地址。向大品牌学习。始终保持专业。

一份漂亮的简历就像一场漂亮的广告宣传活动。编写简历，应

---

① party bunny 意为派对女郎。——译者注
② zombieslayer 意为电锯狂人。——译者注

该考虑四个问题：

　　1. 你的目标受众是谁？

　　2. 你独特的销售主张是什么？

　　3. 你希望听众有什么感觉？

　　4. 行动召唤是什么？

　　第一个问题十分关键：你的目标受众是谁？为了给你的目标受众留下深刻印象，你必须知道你要给谁看你的简历。要进行一下研究。你所在行业的招聘经理具体希望看到什么？他们有什么共同特征？什么可以打动他们？如果你不太了解你的目标受众，你的简历就没有意义。

　　当文案人员听别人向他们简要介绍一个新的广告活动时，一半以上的内容都是对目标市场的分析和理解。当特雷弗·古戈尔做午餐研讨会，在广告公司的墙上探索营销策略，这就是他在深究的问题。他们是谁？在年龄、性别和收入方面，都有哪些特点？心理特征、价值观、观点、态度和生活方式都是什么？他们看什么电视节目？他们想解决什么问题？你和他们之间的隔阂是什么？

　　现在来说一条我的经验：了解你的目标受众是最重要的。你想让你的简历得到这个特定群体的青睐，但如果你不了解他们，你就不能做到目的明确。此外，你应该根据不同的企业量身定制简历，不要发送同一份简历。如果你同时和每个人说话，你就没有和任何人真正说上话。

　　问题二：你独特的销售主张是什么？换句话说，你能给企业带来什么独特的技能或生活经历？这个问题是所有广告活动的核心。每一个有效的广告都是建立在产品独特的卖点上。每一个聪明的广告都是围绕产品的主要特性而建立的。为什么这很重要？因为独特的卖点告诉客户为什么他们应该关注。它告诉他们为什么他们应该买这个产品，而不是其他产品。

这和你的简历一样。为什么一个公司应该聘用你，而放弃其他求职者呢？花点时间考虑一下这个问题。美国运通公司的一项调查显示，65%的经理希望聘用有特定经验的人，但大多数人把自己定位为多面手。要具体，这应该是你的简历的核心。是什么让你在同行中脱颖而出？如果你要写"我早上六点到八点之间工作做得最好，这时候，其他人都还没来上班"，那么你的简历肯定排在最前面。如果你把你领导战士部落的网络游戏经验列为"领导经验"，就像一个科技公司的求职者在简历上写的那样，那你的简历只会被丢进办公桌底下的大废纸篓里。

问题三：你希望听众有什么感觉？你想让你的目标读者在阅读你的简历后有什么感觉？这是最复杂的营销。这就是聪明的品牌与其他品牌的区别。仅仅列出证书和经验是不够的，就像在广告中列出产品的好处也是不够的一样。正如我们在第四章中所讨论的，说服性沟通需要情感。你不想让招聘经理（或客户）仅仅了解你的资历，你想让他们对你的简历完全感兴趣。这足以让你排在名单的首位，还能让你得到面试的机会。这意味着你选择的语言很重要，语气很关键。你的简历的可读性和组织方式应该让人们觉得你有一个有趣的头脑，可以胜任工作。

作为一名文案撰稿人，我可以告诉你，聪明的文案会为他们选择的文字而绞尽脑汁。大多数简历都包含被滥用的关键词：有创意、有效、做事积极、善于分析、有创新头脑、有团队合作精神。

　　这些技能很重要。但不要只是说说，要在简历和求职信中表现出来。是展示，而不是告诉。这是广告的首要原则。求职信是你展示个性的最佳机会。很明显，引人注目的求职信和不恰当的求职信之间只有一线之隔。目标是在保持专业的同时，捕捉你的个性快照。理想情况下，简历是一页纸，所以简洁是魅力的一部分，这也是一个挑战。在短短几段话里，你要介绍自己，引起读者的兴趣，让他们看到你的简历。这封信应该证明你是有趣的，有创造力的，有高度积极性的，但不要提到那些词。求职信不应该让人感觉像一封套用信函或一份过于粗糙的商务备忘录。它应该是一个人给另一个人的信件，就像在对话一样。

　　这意味着，如果可能的话，你的求职信最好是针对特定的人。也许你看过他们在会议上发言、读过他们的博客，或者你有其他可以参考的共同点。如果你的简历要寄给人力资源部，你的信息仍然应该是真实的，要做到聪明和有趣。问问自己，你希望读者读完你的信后有什么感觉，然后对内容进行反向工程。

　　最后是问题四：行动召唤是什么？每一个有效的广告都旨在销售产品。欲知详情请致电我们，登录我们的网站，光顾我们的商店，去乳制品区找我们。这是市场营销的一个关键因素，所以要牢记这一教训。令人惊讶的是，许多求职者从未正式要求得到这份工作。即使在生意场上，要求售出产品也很重要。当我与潜在的客户见面时，我总是会说："我们怎么能一起做生意呢？"这句话带来了可观的收入。因此，在你的简历中，告诉企业你想要这份工作，并建议下一步。你可以简单地说："我真的想要这份工作。我还能做什么来说服你呢？"或"如果你想谈论披头士、曲棍球或改进你的营销计划，请联系我"。

很好，很私人，而且切中主题。

说到让未来雇主联系你面试，确保你的语音信箱是专业的。语音信箱不应该显得愚蠢，或者试图搞笑，不应该是电话公司提供的那种预先录制好的过于冗长、缺乏人情味的信息。不要说你不在，让来电者语音留言。未来雇主的电话永远不应该由第三方接听，比如室友。你的语音信箱应该是你的声音。录制一条简短、专业、愉快的信息，告诉他们你会很快给他们回电话。想想如果你打电话给一家聪明的公司，你会希望听到什么样的信息。

我们来谈谈你在简历上的照片吧。在广告中，这相当于产品图。从视觉上看，产品的照片是平面广告或商业广告中最重要的部分。相比广告的其他方面，企业要对产品图投入更多的时间和精力，这就是为什么它被称为"美容画面"。通常，在商业广告拍摄过程中，只有拍摄到这一部分，客户才会出现在拍摄现场。看一下电视广告的拍摄计划，你会发现那上面写着第一天由演员拍摄故事情节，第二天只拍摄产品。许多摄影师擅长静态产品拍摄。有专拍汽车的摄影师，也有专拍食品和时装的摄影师。营销人员知道，没有什么比一张漂亮的产品照片更能激发购买欲的了。

这同样适用于你的个人照片，无论是在简历上还是在公司网站上。面部知觉是人类最发达的知觉之一。大自然教会我们为了生存而做出瞬间的决定。在短短一百毫秒内，面部表情就会影响我们对可信度、热情、能力和危险的判断。首先，最重要的是要有一张个人照片。如果你有一张照片，你被考虑聘用的可能性是别人的七倍。这就像卖房子一样。清单上没有照片，你就会琢磨是不是房子有什么问题。

许多人选择风景照、宠物照、古怪的照片或者推特网上默认的"鸡蛋"头像。可以，只要你并不希望自己看起来很专业。

第一条规则：选择一张你的面部照片。第二条规则：选择一张真正看起来像你的面部照片。

别笑。许多人选择修过的照片，或者他们最喜欢的年轻时的照片。营销中有一条真理：你不希望先承诺一件事，兑现的却是另一件事。这种"诱饵"和"变化"造就了多年来一直影响着市场营销的冷嘲热讽。如果人们在个人资料照片中看到一个二十九岁的微笑着的人，最后却是一个三十九岁的微笑着的人走进来接受面试，可不太好。简历上的所有信息都应该是最新的，包括照片。一些研究表明，超过90%的招聘人员使用社交媒体来筛选候选人。他们花五分之一的时间看个人资料照片，做出快速判断。

顺便说一下，如果你不确定使用哪张照片最好，有一个网站可以给你的个人照片打分：PhotoFeeler.com。该网站与普林斯顿大学合作，帮助你测试个人照片。登录后，你只需上传你的个人照片。接下来，网站要求你对其他十个人的照片进行评分。作为回报，人们也给你的照片打分。你的照片会被从能力、魅力、影响这三个方面来评判。

我提交了我的照片，就是我们的网站cbc.ca/undertheinfluence上的那张。结果如下：能力，77%；魅力，19%；影响，95%。我笑了，然后情不自禁地哭了。我想我要换掉那张照片了。这个照片评价网站是一个很好的检测工具。其中一个结果不好，比如19%，你可能就需要考虑换别的照片。谈到照片，这个网站还收集许多有趣的反馈。例如，他们调查了八百张个人资料照片的六万份评论，并提出了以下建议：

不要戴太阳镜。

不要自拍照。（拍一张专业的照片。）

微笑。笑的时候露出牙齿，就更好了。

微笑时微微眯起眼睛。睁大眼睛表示恐惧或反社会人格。

露出头和肩膀比只露脸好。

为你想要的工作而穿着合适的衣服。

不要度假的照片。

不要与名人的合照，那会把你衬托得很不起眼。

保持头部挺直。很明显，女性在拍照时总喜欢歪着头，这会让你看起来不那么自信。记住，只需要看一张照片几毫秒，别人就能对你得出结论。

现在让我们谈谈社交媒体行为。

首先，如果你不上任何社交媒体，这对潜在的雇主来说是个危险信号。如今，不出现在任何社交媒体上可以用以下几点来解释：

1. 你并不精通技术。你太落伍了，成了累赘。

2. 你没什么可上传到社交媒体上。你没有深度，性格很无趣。

3. 或者你是出于恐慌删掉了你在社交网站上的所有内容。

你到底在隐瞒什么？

34% 的雇主承认会查看自己员工的社交媒体资料，而这只是愿意承认的比例。让我们现实点吧，如果招聘人员对你的简历感兴趣，他们也会在谷歌上搜索你的信息。如果在网上找不到任何关于你的信息，这引发的问题就会比它回答的问题多。

黄旗表示使用了不雅的文字和太多有问题的派对图片。所以，要通过谷歌搜索你自己，看看会弹出什么信息。几年前我这么做的时候，我对出现的情况有点吃惊。然后，我才意识到还有一个人叫特里·奥莱利，他是一位情色小说作家。

雇主和客户会评判你的自我监督。他们想知道你认为什么是可以接受的公共行为。你可以在社交媒体上做任何你想做的事。但要知道其中的含义。特别是当你向潜在客户或雇主宣传你的服务时。正如大卫·奥格威曾经说过的："永远给你的产品一张头等舱的终身票。"

在市场营销领域，品牌在许多不同的媒体上保持一致的形象。这意味着信息已经变成了全地形交通工具。虽然形式和媒体可能会改变，但基调、内容和图像仍然要保持专业，还要记住"烤肉串"理论，这些内容应该让人感觉它们都来自同一个地方。看看你在所有的社交媒体上发布的内容。看看你的网站。它们给人的感觉专业吗？你在你所有的账户上投射的是不是一致的身份？你在推特网上发布过有趣的信息吗？你的博客文章是否聪明且引人注目？那些内容是否根据你的经历所写？是否展示了你的技能与你的好奇心，是否与你的行业相关？

记住，社交媒体是第一次面试。事实上，雇主认为社交媒体是对你的不加过滤的审视。这意味着它比你知道自己被人观察的工作面试更能说明问题。正如杰·雷诺所说，即使是查尔斯·曼森[①]，他在十分钟的面试中也能表现得很好。聪明一点，使用你的隐私设置，

---

① 美国一名连环杀手。——译者注

把你的个人生活和工作分开。但要记住，私下里说的任何话都有可能在瞬间被公之于众，所需要的只是一个与世界共享的快速屏幕截图。

大品牌对他们发布的内容格外小心。因此，你一定要注意你发布的内容。下面是一些让人震惊的数据：

54%的简历有语法错误。

33%的人在社交媒体上说前任雇主、现任老板或同事的坏话。

20%的人对某些群体、性别、种族或宗教发表过贬损性的言论。

24%的人谎报学历。在一个数字连接的世界里，未来雇主不需要花很长时间就能把这些点连接起来，或者想清楚那些人们没有在社交网站上提及的信息。微软公司的一项调查发现，70%的招聘企业表示，他们在网上找到了让他们不愿聘用某些候选人的内容。再读一遍这个数字：70%。

你在网上说的话很重要。

你发布的信息中包含着潜在雇主或客户可以用多种方式解读的线索。所以要聪明一点：每天都要关注你的品牌。营销人员赛斯·高汀说过："用一长串好东西来让谷歌超负荷，要总是表现得像你在偷拍镜头前一样。"因为事实的确如此。

推销自己可能是你参与过的最重要的广告活动。从前，你只需要邮寄简历、参加工作面试。如今，当你研究企业时，企业也在研究你。数字世界为我们提供了许多可以敲的门，但这也让全世界可以透过许多窗口看到我们。因此，塑造专业形象至关重要。即使你不是在积极地找工作，确保你的个人品牌充分反映你和你的企业的良好形象，向来也是很重要的。

　　向聪明的营销人员学习，首先要让自己与众不同。要有趣，要真实，让你独特的个性闪耀。你的照片不应该有问题，但它确实有问题。不要升起任何红色或黄色的旗子。过多的滤镜会让人觉得不真实，但你仍然可以很有趣。只要你愿意支持你在网上发布的内容。当受到质疑的时候，要克制。

　　现在来说一说我的营销之道：照顾好你的"烤肉串"。

我的营销之道

§

§

在我的职业生涯中，我有幸与最聪明的营销人员一起工作，他们是最具创造力的广告文案撰稿人和艺术导演、最聪明的创意总监、最有天赋的演员，还有不少颇具传奇色彩的沟通大师。作为一名广告人，在过去的三十五年里，我为加拿大国内最大的品牌制作了成千上万的广告，并参与了无数的高级别演讲。通过认真地观察和倾听，我学到了很多。在这个过程中，我也犯了很多错误，并从惨痛的教训中认识到错误是最好的老师。错误造成的惨痛结果让我将教训永记心中。

我的营销之道：

营销就像戏剧。

在这个时代，人们每天要接触三千多条广告信息，只有大胆的人才能有所突破。我一次又一次地明白，创意一定要新鲜，需要用最令人惊讶的包装。我们生活在一个眼球经济时代。营销必须与娱乐、极短的注意周期、广告拦截软件、遥控器跳过按钮和普遍的冷漠相竞争。一个汽车广告不仅仅要与其他汽车广告竞争，还要与所有其他广告竞争。

看看西捷航空、可口可乐、苹果和耐克等最优秀的营销者。他们从来不是只提供市场信息。他们创造了广告戏剧。比如，西捷航空的圣诞视频，可口可乐的快乐贩卖机，苹果的麦金塔电脑对阵个人电脑的系列广告，或者耐克的广告。这些企业的广告叫人看了不会大呼无聊，也不会叫人翻白眼。其中虽然不乏一些史诗级的作品，但大多数都是非常简单的创意。

我的营销之道：
不要窃窃私语十几件事，却只大声说一件。

唯一有效的营销信息需要专一，这又回到了电梯推销。一个品牌应该有一个"电梯推销"，一个商业广告也应该只有一个"电梯推销"。如果一个商业广告创意不能用一句话来概括，那它还没有准备好成为一个商业创意。每个广告只卖一样东西。在我的广告生涯中，我不得不说这是成功广告的最大障碍。正如我前面提到的，我把大部分责任归咎于企业主，而不是他们聘请的广告公司。我参加过无数的会议和录音，客户在这个方面会否决广告公司的提议。太多的顾客想把十磅土豆塞进一个只能装五磅的袋子里，而不是把一件东西卖得很好。但在这个混乱的营销世界里，只有一心一意的弓箭手才能射中苹果。这是一件有趣的事情。广告商们制作出杂乱的广告，把它们投放到杂乱的营销世界中，却不明白为什么广告并没有真正起作用。但正如奥美广告公司的首席创意总监最近所说，"这个行业不缺聪明的大脑，缺的往往是挺直的脊梁骨"。

坚持只传递一种产品信息，广告公司必须拿出更多的骨气。他们被雇来担任广告专家，但当这个只能装五磅的土豆袋开始在接缝处绷紧时，他们往往无法坚持。一个创意总监能为客户做得最好的事，就是争取只发布单一的产品信息。这是专业的标志。我知道，在这个问题上，客户的反对是残酷的，但这是广告起作用的唯一方式。

即使在广告行业的最高层，这个问题也会引起轩然大波。如果你没找广告公司，你就得自己管理。所以答应我，你创作的每一个广告都只兜售一个优势。你有五个重要的好处要谈，那就做五个不同的广告，不然的话，你的市场营销就只能形同虚设了。

我的营销之道：
小品牌需要有大个性。

小企业无法与大公司的预算直接竞争，所以要另选战场。我曾经为安大略美术馆写过一个广播广告。这家美术馆要举办马蒂斯作品展，他们的预算很少，但需要立即让一个有时间限制的展览获得关注。于是，我让美术馆把将要展出的马蒂斯画作的幻灯片寄过来，我好寻找灵感。在浏览幻灯片的时候，我突然想到了一个创意。马蒂斯是运用色彩和光影的大师，但你从他的标题中永远也看不出这一点。于是，我写了这个广播广告，由一个能言善辩的英国演员用低沉的声音读出来：

> 巨大的悬崖——鱼。
> 穿着条纹套衫的女人，桌上的小提琴。
> 女人的头上戴着面纱。
> 头上戴着额饰。

小脑袋上的梳子。

亨利·马蒂斯创造了本世纪最欢快、最丰富多彩的艺术。

他只是在标题上不出彩。

绝妙的马蒂斯作品展正在安大略美术馆展出。不要错过。

那个广告吸引了很多人的注意，因为它来自安大略美术馆，使用的言辞令人惊讶。美术馆的营销人员知道他们需要打破混乱，而对展览进行充满诗意的描述只会吸引艺术爱好者。为了取得成功，他们还必须吸引大众。马蒂斯作品展大获成功。美术馆的预算的确很少，但他们有大胆的个性。

我的营销之道：

广播仍然很有影响力。

人们总是问我广播是不是有不死之身。广播是最后的幸存者，经受住了电影、电视、录像机、数字视频录像机、互联网和社交媒体的考验。顺便说一下，在过去的五年里，加拿大广播公司获得了其成立八十年来最高的收听率。收音机给人一种亲密的感觉。那是一个人的声音在你耳边低语。大多数人只听广播。广播不像电视，家人在一起看电视，可以度过一个娱乐的夜晚。听广播是一个人的活动，是私人的体验。几年前，我在巡回售书的时候，就深刻地体会到了这一点。当我遇到我的广播听众，一见面，他们就会触摸我。他们抓住我的胳膊，握住我的胳膊肘，或者在握手时不松手。一开始我很紧张，但后来我恍然大悟。他们这么做是因为他们觉得我和他们有一种联系。我们有"关系"。我们在一起的时间很长。想想上次你最喜欢的早间广播节目主持人离开节目的时候。这是对系统的一次冲击。你觉得不平衡。你的日常生活被打乱了，你要花很多时间来适应新的主持人。

换句话说，广播很重要。

加拿大广播公司每年都举办一次粉丝活动，人们可以来与他们最喜欢的广播和电视主持人见面。我发现这种动态非常有趣。在电视名人面前，人们总是往后退。这种工作中有一些令人敬畏的东西。观众与电视有一种隐含的"距离"，有一个界限。但广播不是这样。整整三小时，人们总是会触摸我。我学会了接受这样的情况。人们觉得他们在广播上认识你。你是一个朋友。毫无疑问，这就是广播的巨大影响力。它是所有媒介中最个人化的。

话虽如此，我和鲍勃·纽哈特曾经有过一段并不自在的时光，那件事涉及了广播和电视。只有例外才能证明这一规律的存在。我曾指导鲍勃为贝尔移动公司做了大约三十个广播广告。广告的创意是基于单向电话交谈，这对鲍勃来说是完美的，他曾进行过这样的滑稽表演，在他的喜剧套路中做过单向电话交谈。但当我们录制那些广告时，鲍勃在洛杉矶，而我在多伦多。我们通过两个录音棚之间的光纤网来一起录音，从来没有出现在同一间录音棚里，但我们能听到彼此的声音。

我和鲍勃之间有一个习惯：在录音的前几天打电话讨论广告文案。在其中一次通话时，他提到他即将来多伦多演出，并为我和妻子提供了两张票，让我们去看他的演出。我们愉快地接受了邀请。演出结束后，他的助手邀请我们去演员休息室见一面。当我们走进去的时候，著名的鲍勃·纽哈特就在里面。我在电视上看这个喜剧演员表演有很多年了。另外，我们还一起做过三十个电台广告，所以当我们见面时，我给了鲍勃一个拥抱。

他的反应并不热情，还有些生硬，令人惊讶。你很容易想象当时的情景，如果你熟悉鲍勃的作品的话。

这些年来，鲍勃在我的客厅里出现了几百个小时，但我从未出现在他的客厅里。那些年的时间让我觉得我们是有关系的。虽然我们在一起工作了一年多，但他以前从未见过我。事后看来，那个时刻非常有趣。电视名人不喜欢拥抱，他们习惯于保持一定的距离。

这里的教训是：这种距离在广播中消失了，差距闭合了。这是广播广告神奇而美妙的关键。记住，广播是亲密的，记住你是在和一个人说话，记住没有必要大喊大叫。这就是为什么广播是如此强大的媒介。

我的营销之道：

幽默是广告中的 WD-40①。

所有的广告都是一种干扰。但是，幽默可以打开许多难以打开的大门。使用幽默是一种受欢迎的方式，可以使这种冒犯变得礼貌和有趣，并消除刺耳的声音。幽默让观众笑，作为他们花时间看广告的回报，但愿此刻的温暖能给品牌带来好处。幽默还表明广告商并不把自己太当回事。正如优秀的商业广告总监乔·塞德尔迈尔曾经说过的，大多数广告人都以为自己在创造一个国家，而实际上他们只是在推销果冻。

---

① 金属制品多用途保养剂。——译者注

我的营销之道：

沉默具有强大的影响力。

鲍勃·纽哈特是让广告文案中最微小的瞬间变得乐趣无穷的大师。我一直喜欢用简短的停顿来制造戏剧性或幽默的效果，但鲍勃教会我不要害怕大段的沉默，有勇气使用长时间的停顿是有回报的。在我为器官捐献所编写的广告中，我把这一经验发挥到了极致。正如我之前提到的，器官捐献是一个有趣的挑战。你可能知道，即使你签了器官捐献卡，并在网上登记为捐献者，你的家人仍然可以在最后一刻推翻你的意愿。问题是，大多数家人并不知道你希望捐献器官。在捐献器官的小窗口里，你不能为自己说话。在这样的时候，你的家人心里都很难过。医生会去征得你家人的同意。他们不知道你愿意捐献器官，通常会悲伤地拒绝。所以，在这个广告中要传达的重要一点就是，你必须告诉你的家人你愿意成为器官捐献者。一旦他们知道了，你的愿望就更有可能实现。

与大多数公益广告不同的是，我没有要求人们去做志愿者，没有要求捐款，甚至没有要求人们登记成为捐献者。我要他们把自己捐献的愿望告诉家人。在我最终的文案上，开头是感谢人们在器官捐献卡上签名。接着画外音说：

"但你知道做出最终决定的还是你的家人吗？这就是为什么你要和他们讨论这个问题。如果你现在正和家人一起听这个节目，那就看着他们说：'我想成为一名器官捐献者。'现在停一会儿，请大家去对家人说吧。"

接下来是六秒的沉默。

画外音最后说："好了，结束了。谢谢你。"我想让听众在广告播放期间就展开行动。我不能指望听众在那天晚上晚些时候、第二天或下星期与他们的家人谈这件事。生活总会妨碍好的打算。我需要他们当场采取行动。我想让一个人在车里坐在心爱的人身边时，会为了在广告沉默期间什么也不说而感觉尴尬。

全国所有的广播电台都拒绝播送这则广告。为什么？广播电台最讨厌什么？沉默。

为了挽救这则广告，我亲自打电话给全国六家国家广播的总裁，向他们说明了创意。我解释了为什么这个问题如此紧迫：加拿大是世界上器官捐献率最低的国家之一，而沉默就是导火索。最后，他们都同意播出这个广告。那是十几年前的事了。现在，这则广告仍然在每年 4 月的器官捐献月播出，许多人来找我，说他们就是听了这个广告，才与家人谈了此事。

但如果没有沉默，这一切都不会成功。

我的营销之道：

创造力是放大器。

广告不可能只是生硬的信息。不一定要幽默，但一定要能激起感情。直接的信息很少能做到这一点。有效的广告应该是有趣的，可以刺激人的情感，叫人出乎意料。不要生硬、无聊和粗鲁。一个没有创意的广告，就像给成千上万的人做演讲，却没有麦克风一样。创造力能得到关注，创造力放大了广告信息。广告商要在广播、电视、海报、印刷品和网络上占有一席之地，那我们就必须成为吸引人们注意力的好主持人。硬性推销只是一堆需要跳过的杂乱信息而已。

　　这就是为什么广告业不得不为日益严重的广告拦截问题承担责任。浏览器现在包含一种技术，可以在用户访问网站时过滤掉弹出广告，或禁用 Flash 技术，阻止自动播放视频广告。晚上八点到十一点看电视，你会看到大约七十个商业广告，也许其中两个还不错，但这可是个糟糕的击球率。另外，广告是一个频率游戏。我们需要公众多次看到或听到我们的信息，这才能对人们的意识产生影响。如果一个广告真的出色、聪明和有意思，人们会看十几遍。这就是为什么广告商需要提升他们的创造力。

我的营销之道：

好的广告不应该像从烤箱里出来的一排一模一样的面包。

　　品牌化是一种一致性的练习，创造力则不是。我这么说，是因为很多从事市场营销的人都在一致性这个圣坛前祭拜。正如你现在所知道的，当涉及品牌形象时，我是极为推崇一致性的，但有一个重要的警告：营销活动中的每一个广告都应该是不同的，要使人大呼意外。每一个交流都应该是新鲜的，而整个活动是通过一致的语气和一致的交流策略来组织起来的。

　　这就是"烤肉串"理论。

　　耐克就是这方面一个很好的例子。没有哪两个广告看起来是一样的，但它们都是基于耐克"JUST DO IT"这一态度，这一点从未改变。你在几秒钟内就知道这是耐克的广告，但耐克的广告看起来都不一样。每个广告都是一个引人注目的故事，这些故事有大有小。耐克聘请的广告公司的创意总监丹·维登说："耐克希望我们不断地带来惊喜。"在我三十年的从业生涯中，大概有三个客户对我这么说过。这就是为什么耐克的工作如此有效。他们的广告实现了突破。这也是为什么耐克在运动鞋市场占有 60% 的份额。

我的营销之道：
不要把创造性的任务交给会议来完成。

在这一点上，我和广告人乔治·洛伊斯的观点是一致的。如果你是阿米什①人，并且要建一个谷仓，那一大群人一起合作是可以的。创造力是一个小团队的追求，让两三个聪明的人组成一个小组来解决一个问题。创造力不应该被集体思维所影响，不应该被各种不同的意见所淹没，不应该被议程所束缚。大的团队擅长的是实施创意，可以深入发展一个创意，但他们并不擅长打造创意。正如作家 G.K. 切斯特顿所说："我找遍了你们所有的城市公园，却没有找到委员会的雕像。"

我的营销之道：
奖励那些付出特别注意的人。

正如斯普林斯汀提醒我们的那样，每一次营销广告都是与客户的持续对话。当广告商忘记了谈话的内容，他们就永远失去了顾客。出色的营销就像一个有章节的故事。这样做的目的是对你与客户之间进行的对话保持高度警惕。要一步一步地进行。

对话可以建立联系。这就是斯普林斯汀的见解。我们在制作广

---

① 北美洲戒律严谨的宗教团体，过简朴的农耕生活，拒绝使用某些现代技术。——译者注

播节目时，对我们过去所做的要点，我总是试图在第二次提到时加以确认，这样听众就能明白我知道他们之前提到过。我也会加入一些小细节来奖励那些付出特别关注的听众。这些听众都是节目的铁杆粉丝。没有一首音乐是随机选择的。每首音乐都是为了强调我所说的内容，或者把这些内容并联起来。例如，在关于"伏击式营销"的一集中，我提到品牌假装是一个样子，但实际上是另一个样子，我强调了一个故事，有关史密斯飞船乐队的专辑《男人（看起来像个女人）》。只有一位听众发邮件说他听懂了这个笑话，但有那一封邮件就值了。通常，我们会开一些只有每周都收听的听众才能理解的玩笑。有时我也会讽刺地提到几年前的一部电视剧。只有那些密切注意的观众才能把这些点联系起来，这是对我们忠实听众的暗示。这种简化表达创造了一个共同体。

我的营销之道：
广告业需要更多的女性创意总监。

男人可能偶尔会去杂货店购物，但女人会列购物清单。女性控制了超过 80% 的消费支出，然而在北美只有 3% 的创意总监是女性。如果黄金营销法则是了解你的受众，那为什么在广告公司里，女性不占主导地位呢？我很想不通这一点。这种情况必须改变。

我的营销之道：
五十五岁以上的人拥有最多的钱，购买最多的产品。

然而，广告业痴迷于十八岁至三十四岁的目标人群市场。人们长期以来一直错误地认为，年轻人对品牌的忠诚度更有可塑性。而且，人们认为这个年龄段的人正处于花很多钱消费的年纪，各大品牌都在不遗余力地争取他们。然而，婴儿潮一代手里的钱最多，购买几乎所有类别的产品也是最多的，包括软饮料、汽车和电脑。婴儿潮一代更愿意更换品牌。不仅如此，他们还将继承数万亿美元。面对这种营销行业中的奇怪脱节，我只能摇头以对。但如果你是一个寻找强劲市场的营销人员，就想想婴儿潮一代吧。

我的营销之道：

当一个男人拿着衣服走进试衣间，他是要买东西。女人则可能不是。

一般来说，男人带着使命购物。他们是有目标的购物者。大多数男人不逛街，也很少在购物时不买点东西就回家。一般来说，女人喜欢逛来逛去。她们可以逛一个下午，什么也不买。知道这一点，零售商应该设计商店，以帮助男性快速有效地完成购物任务。另一方面，迎合女性的零售商应该在休闲、放松的氛围中给女性提供更多的选择。女人购物的时间越长，她们买东西的机会就越大。男人购物时间越短，收银机响的可能性就越大。

我的营销之道：

电话号码在广播广告中不起作用。

若是有的企业拥有极其罕见、容易记住的电话号码，那只能说是例外。这样的企业少之又少。众所周知，数字是很难记住的。尤其是十位数字。Pizza Pizza 可能拥有有史以来最好的营销电话号码，他们的电话号码被编成了一首简单的小调："9、6、7、11、11"。这首小调很押韵，把电话号码深深地刻在了人们的脑海中，Pizza Pizza 外卖服务的广告所需要做的正是这一点。网址由单词组成，更容易记忆，已经成为新型的电话号码。

我的营销之道：
出色的企业奖励直觉。

直觉能让一个企业在竞争中脱颖而出。当今时代的大多数企业都不重视直觉。商界主要由工商管理学硕士们掌控，他们看重的是理性而非情感。然而，驱动着人类的正是情感。大学应该根据直觉来教授课程。应该鼓励学生去爱、尊重和遵从自己的直觉。他们应该学会倾听自己的直觉，因为直觉就是试图告诉你一些事情的创造力。当我开始听从直觉的那一天，我的职业轨迹就改变了，我还记得那一刻。

那是在坎贝尔·埃瓦尔德广告公司的一次会议上。我是会议室里资历较浅的文案人员，资深的创意人员正努力为公司最大的客户加拿大费伯格拉斯公司构思一个新的电视广告。我有了一个创意，但不敢举手。后来我终于鼓足勇气，紧张地清了清嗓子，提出了想法：房主使用费伯格拉斯公司的绝缘材料省下了足够的钱，支付了一所小别墅的首付款，而那是一所小得出奇的别墅。这个想法成了该客户当年的王牌广告，还得了奖。创意总监不是别人，正是特雷弗·古戈尔，在那之后，他为我安排了许多重大任务。

直觉在问题的海洋中呼啸而过，冰冷的逻辑则需要一条划艇。

我的营销之道：

任何东西里面都藏着一个解决方案。

这么多年来，我不得不解决的许多营销问题在一开始似乎都是不可逾越的。但通过不断地深入挖掘，我总会找到解决方案。如果你面临棘手的营销问题，那也不要放弃。解决办法就在那里，你只需要卷起袖子，开始剥洋葱。很多时候，解决办法是躲在障碍里面。这就是为什么我经常告诉海盗电台的创意部门不要在障碍下钻隧道，也不要绕道而行，而是要直面它。用创造性的解决方案来缓解障碍的压力是市场营销中最强大的工具之一。有趣的是，"不可能"这个词在英语里的使用率一百年来下降了 50%。对此，我一点也不惊讶。

我的营销之道：

营销是一门艺术。

许多人对这种想法嗤之以鼻，但是创造力有两种。一个是纯粹的表达，由艺术家和音乐家使用，另一个是解决问题的创造力。这是商业和工业的领域。正如广告人约翰·赫加蒂所说，营销总监希望广告成为一门科学。他们晚上跪下来祈求上帝把它变成一门科学。但它永远不会，因为说服人们是一门艺术。还记得你第一次说服你父亲把车钥匙给你的时候吗？你用的是科学还是巧妙的说服？没错。这其中确实涉及数据、研究和算法，但这一切依然归结于一张白纸和一个想法。皮克斯的艾德·卡特姆指出，艺术课不是教你学习画画，而是教你学习如何观察。这就是广告的艺术：观察人性，理解品牌的核心，看到建立联系的可能性。

我的营销之道：

除非你有很大的野心，否则你只能得到很小的结果。

对创造品牌而言，这是一个不容忽视的秘诀。你想发展壮大，你的思维就得开阔起来。如果你是一个小企业，营销预算有限，你就必须大胆。如果你的营销是安全的或普通的，你的收益最多只能逐渐递增。想想看：根据最近的一项民意调查，只有 4% 的广告能从正面让人们记住，7% 的广告则因为负面原因被人们记住，89%根本没有被注意或记住。这应该会让世界各地的营销人员感到恐惧。由此可见，近 90% 的广告资金都浪费了。只有优秀的创意才能取得突破，最大的风险在于自满。

我的营销之道：

营销规则是用来打破的。

纪录片《黑暗之心：一个电影制作人的启示录》中有一个生动的场景。该片部分片段由埃莉诺·科波拉执导，记录了她丈夫的电影《现代启示录》的制作过程。在这个场景中，演员丹尼斯·霍珀来到片场，扮演一名摄影记者。他很兴奋，在弗朗西斯·福特·科波拉①周围跳来跳去，说他想即兴创作台词。这时，弗朗西斯告诉他，"除非你知道你的台词，否则你不能改变你的台词"。这是一种敏锐的洞察力。霍珀必须知道各个场景的意图，才能提出不同的台词。同样的道理也适用于市场营销。传统思维有许多规则和惯例。广播广告必须有三十秒长，广告牌必须是七个单词或更少，电视广

---

① 《现代启示录》的导演。——译者注

告必须有视觉吸引力，不能是口头上的吸引。但以我的经验，一旦你知道了规则，打破规则就会带来令人难忘的营销。

例如，奔驰公司为旗下斯玛特汽车做广播广告，于是他们创作了一系列五秒钟的快速广告。在一个典型的广告间歇，你可能听到六个广告。斯玛特汽车在每一个常规广告播放间歇都插入了这些五秒广告。这一系列广告的最后一则只是简单地说："看，停斯玛特汽车多容易啊！"这是对广播的绝妙运用，它突破了混乱，实际上是利用了混乱，因为它打破了规则。我之前提到了器官捐献月的广播广告，那个广告里的六秒沉默也是打破了广播的基本规则。

通常，当你在 YouTube 上观看视频，你必须先看完"前置广告"。有时你可以在六秒后跳过广告。知道了这一点，美国政府雇员保险公司就制作了一系列时长六秒的广告。当你看一段视频，这家保险公司的广告在六秒钟内就全部播放完毕了，画外音："你不能跳过政府雇员保险公司的广告，因为它已经结束了。"一段六秒的视频打破了规则。大多数广告商在 YouTube 上播放二十秒到三十秒的广告，但在六秒后就失去了大部分观众。这就是所谓"退出率"，它衡量的是有多少观众会关闭广告。典型的退出率可能在 60%~70%。50% 被认为是优秀的，但你仍然失去了一半的观众。然而，政府雇员保险公司的退出率为零，因为它的广告在六秒强制窗口内全部播放完毕了。当托马斯·爱迪生被问及他的实验室有什么规则时，他说得最好："这里没有规则。我们就是努力完成一些事情。"

我的营销之道：

如果策略是正确的，创意是出色的，文案是强大的，视觉效果是有冲击力的，但是广告仍然是错误的，那你的问题就出在基调上。

我花了很长时间才明白了这个教训。通常，我们会努力做一个广告，想出大胆的主意，精心制作视觉效果，处理文案，把它推介给客户，客户却否决了。令人沮丧的是，客户无法清楚地说明问题。他们就是不喜欢。没有什么比得到含糊的反馈更令人恼火的了。尤其是那句："我就是不喜欢。"后来，在我职业生涯的某个时刻，这个问题开始成为人们关注的焦点。

大多数情况下，当广告的所有内容看起来都是正确的，但仍然被拒绝，那就是因为广告的基调不对客户的胃口。语气是广告的一个重要部分，但你无法将其具体指出来。这使得它难以捉摸。这是一种感觉，不是绝对的。每一个品牌，每一种产品，都散发着恰如其分的基调。尽管《老友记》和《宋飞正传》都是围绕一群老朋友展开的情景喜剧，但它们的基调不同。奔驰和宝马的基调不同，尽管它们都是昂贵的豪华车；西尔斯百货与哈得孙湾百货公司有着不同的基调，虽然它们都是百货商店。即使是福特探索者也和福特F-150有着不同的基调，这两款车都是同一家公司生产的，都是卡车，但基调完全不同。探索者是城市舒适型SUV，F-150是适合乡村的很结实的皮卡。如果你是一名文案人员或艺术总监，你必须对品牌了解上一段时间，才能理解它的基调。这就是为什么我定了一条规矩：文案人员永远不应该为一个他们从来没有拿在手里的产品编写广告。

广告的基调可能会有10%的偏差，这就是客户觉得广告不行的全部原因。他们可能说不出所以然，但就是感觉不对。感觉不像他们的企业，或者不是他们公司会说的话，又或者他们不会这么说。例如，克利莫尔公司在营销时需要让人感觉它就像一个小镇上的酿酒厂。这就是它的基调。如果一开始听起来就像一个大型啤酒厂，那粉丝就不会再喜欢他们的啤酒了。蒂姆·霍顿斯一定要让人觉得他们是加拿大的咖啡。这就是为什么他们不得不放弃在美国的既定品牌。

如果你不用请广告公司，而你又在进行营销，那么你很有可能对你的公司基调有很好的把握。你每天都生活在你的企业里。这就是置于品牌之中的最大好处。但如果营销理念符合所有其他条件，可就是感觉不太好，那罪魁祸首可能就在于基调。所以你该适当调整你的触须。

我的营销之道：

业余爱好者认为营销就是销售。专业人士知道营销关乎差异。

是的，营销就是销售。但在进行任何重大的销售之前，一个品牌都需要在市场中脱颖而出。

市场就像一条拥挤的街道。顾客有无穷无尽的选择。他们既不理解也不关心提供一致的质量和个性化体验有多难。这是拥有市场支配力量的特权。正如我在这本书中多次提到的，人们大多数时候都是通过感觉来购物的。如果你代表某件事，就会有人支持你，有人反对你。如果你不代表，就没有人支持你，也没有人反对你。你的品牌必须首先使你的公司与众不同。它必须有自己独特的声音、独特的外观，必须有一块清晰的地盘，必须有鲜明的个性。

然后，销售才能开始。

我的营销之道：

形容词是广告的克星。

在我的广告工作中，我总是尽量避免使用形容词。自20世纪20年代广告业第一个全盛时期以来，广告就在形容词上留下了巨大的吻痕。像拉斯克尔这样的早期广告公司创始人发现，当广告文案人员使用形容词时，产品会变得更有吸引力、更独特、更可取。拉斯克尔理解欲望，他是对的，产品很快就被卖光了。但在这个过程中，形容词被随意地乱扔，就像辛纳屈在夜总会里扔二十美元钞票一样。更大、更亮、更快、更便宜、更美味、更光滑，所有浮华的描述符号开始失去影响力。每一个产品都宣称拥有自己会怎么样，不管是真还是假。很快，这些话就不再能打动公众了。这样的情况发生在很久很久以前。

对我来说，最好的文案人员都能找到不使用形容词来描述产品的方法。优秀的文案能让你在不落入俗套的情况下感受到产品的好处。如果你挑战自己，限制形容词在你的营销中的使用，这将给你的文案创作增加难度，但会使它更有说服力。好的文案应该是令人惊讶且有趣的，甚至比好的杂志文案更吸引人。如果你在文案中添加了大量的形容词，你就削弱了说服力。《互联网的本质》一书说得好："形容词就像拼字游戏中的空白。你可以在任何地方使用它们，但它们没有价值。"

我的营销之道：

营销是一幅壮阔的拼图。

它有很多块，但把一幅很大的图片拼在一起，这让我快乐和忙碌了三十多年。

我的营销之道：

营销应该是一种乐趣。

如果你用热情和无尽的好奇心来处理市场营销，它不仅会使你的投资得到十倍的回报，你工作起来还会觉得乐趣无穷。是的，有时候我会有压力，我刚入行的时候还有头发，但总的来说，我不想做其他行业。我同意奥普拉的观点。当你所做的事情使你充满活力而不是耗尽你的精力时，你知道你正处于最佳状态。

后记
Afterword

真正衡量这本书的标准在于，当你读到这一页的时候，你是否感觉自己充满了活力。

我希望你是。

你若是没有聘请广告公司，那进行市场营销就很困难。但愿此时，营销不再像你读这本书之前那样令人生畏。营销，如果做得对，将效果显著。成功仅仅取决于建立正确的基础。你要尽早锁定所有坐标。这就像一架从加拿大多伦多飞往英国伦敦的飞机，起飞时偏离航线一英寸，结果只能在俄罗斯着陆。

你必须打好基础，对你所在的行业有一个清晰的了解，把你的销售信息提炼成简洁的句子，想出聪明的策略，这样你就可以遥遥领先于大多数的市场营销人员。除此之外，还有讲故事、反直觉思考和适时传达信息的秘诀。

然后，你的竞争对手就可能觉得你"非常令人恼火"。

祝你好运。

后会有期。

致 谢
Acknowledgements

克雷格·皮耶特一直在页边空白处做笔记，比如，"你在这里是什么意思？""什么？"和"我不明白你的意思"。他偶尔会写"哈！"。我则会努力争取得到更多这样的评论。他是一个出色的编辑，同时也是一个出色的人。

诺普夫加拿大公司的营销团队。想想海豹突击队，但这个营销团队更聪明、更机智、更有趣。

我的经纪人贝弗·斯劳彭，就好比十磅炸药装在一个只能容纳五磅的袋子里。

我的妻子和商业伙伴黛比。无论我写了什么，她都是第一个读者。她是我的陀螺仪。我们在一起的时候，总是能得到更好的结果。

我们的三个女儿，谢伊、凯丽和希德。她们都很聪明、风趣、机智。我和我妻子都不知道为什么会这样。

我的父母梅尔和贝蒂。当我告诉他们我想以写广告为生时，他们说："那就去吧。"

最后，感谢那位导演在 1963 年把我从《游戏屋》里拉出来，让我为当地一家面包店制作电视广告。看看那之后发生的一切吧。